JN418623

대한민국을 사랑한
모두의 소망

그리운 미래

대한민국을 사랑한 모두의 소망
그리운 미래

초판 1쇄 2017년 9월 29일

초판 2쇄 2017년 11월 9일

지 은 이 이명수

펴 낸 이 김태웅

펴 낸 곳 기획출판 오름

대전광역시 동구 대전로815번길 125(2층)

Tel (042) 637-1486

캘리그래피 智銀 김명숙

정 가 18,000원

ISBN 978-89-90151-14-8

대한민국을 사랑한 모두의 소망

그리운 미래

Orum Edition

저자 서문

우리가 그리워하는 미래

3.1만세운동과 대한민국 임시정부 수립 100주년이 두 해 앞으로 다가왔다. 우리에게 100년이란 시간은 어떤 의미를 갖는지 깊이 새긴다. 역사는 오늘을 비추는 거울이요, 미래를 향한 나침반이다.

1919년 망국의 민족은 역사를 밝히는 횃불을 높이 들어 '동방의 등불'이란 타고르의 시 구절로 상징되듯 세계 만방에 대한이라는 나라와 민족의 존재를 알렸고, 곧바로 자유민주공화국 대한민국이라는 기치 아래 임시정부를 수립했다. 한반도에서, 또 만주와 연해주를 비롯한 세계 곳곳에서 독립과 자주국가 회복을 위해 피땀 흘린 지 26여년만에 우리는 광복을 맞았고, 3년 후 비록 염원하던 통일 국가는 아니나 대한민국 정부를 수립했다.

그 후 70여년 동안 우리는 분단과 동족상잔의 상흔을 안고 1919년 대한민국 임시정부에서 이상으로 내세운 자유와 민주를 향해 전진했고, 굶주림과 가난을 이겨내면서 경제 성장을 이루었다. 1960년 4.19 혁명, 1987년 6.10 민주항쟁은 민주화를 향한 이정표였으며, 지난 해 촛불로 이어지면서 새 정부가 출범했고 새로운 시대를 향하고 있다.

그러나 거대한 나라의 역사만이 역사가 아니다. 그 역사의 흐름 속에서 우리 한 사람, 한 사람은 어떠한 삶을 살아왔는가에도 주목해야 한다. 민족과 나라와도 같은 거대한 강물은 구성원 하나 하나의 땀과 열정과 질정으로 이루어진다는 믿음이다.

스스로부터 거슬러 돌아본다. 할아버님은 1902년에 출생하셨으니 대한제국이 을사늑약과 경술국치의 망국으로 치닫던 때에 어린 시절을 보냈으며, 소년 시절에 3.1운동을 겪었고, 청년기에는 수탈과 억압의 일제강점기를 살아야 했을 것이다. 장년기엔 광복과 6.25의 격동기를 이기면서 손자, 손녀들을 보살피고 마을 일들을 하면서 이웃들과 더불어 보릿고개 가난을 이겨내며 사셨다.

아버님은 1926년에 태어나 청년기에 광복과 6.25를 살았고 장년기엔 4.19와 5.16의 전환기에 조국근대화와 경제성장의

한 몫을 해내며 6남매를 낳아 기르셨다. 한때 은행원이었으나 고향 아산 신창으로 내려와 공직생활을 하면서 가정을 일구셨다.

나는 1955년생이니 전후 세대와 베이비붐 세대의 중간 세대로 할아버님과 아버님 세대의 노고 덕분에 대학에 진학할 수 있었고 25년 공직을 거쳐 정치인으로 일하고 있다.

오늘 대한민국의 대부분의 국민들은 각기 조금은 처한 현실이 다를 수는 있겠으나 이러한 시대를 거치면서 선대 슬하에서 유사한 삶을 살면서 오늘에 이르고 있으리라 생각한다.

100년이라는 거대한 역사의 흐름 속에 한 사람 한 사람의 삶은 어떤 의미를 갖는가? 또 그 개개인은 100년의 역사 속에서 어떤 의미를 찾아야 하는가? 대한민국의 출발점이었던 3.1 운동과 대한민국 임시정부 100주년을 앞두고 그 참된 의미를 깊이 되새기는 것은 바로 그 연장선상에서 우리 미래가 열린다는 믿음 때문이다. 나아가 그 역사에 숨겨진 성찰과 교훈을 제대로 깨달아 실천하느냐가 우리 미래를 좌우하는 거울이자 나침반이라는 소신이다.

2004년 25년 공직을 마무리하면서 <숨은 사랑 찾기>라는 제하에 젊은 날부터 써온 글들을 모아 책을 펴낸 이후 2013년 <충청이여, 대한의 미래를 논하자>에 이르기까지 모두 6권의 책을 냈다. 만 10년 동안 한두 해씩 기고하거나 모은 글들이 책 한 권 분량으로 모이면 한 권씩 펴낸 셈인데 저변에 흐르는 공통된 주제는 늘 '대한민국'이라는 대전제였다.

이번에 새로 내게 된 책은 그 지평의 연장선에서 <그리운 미래>라 제목을 붙였다. 사실 '그리운 미래'는 한 작은 모임에서 빌어온 제목이다. 5년 전부터 두세 달에 한 번씩 공직과 학계, 경제계의 친분 있는 후배님들과의 모임에 나가게 되었다. 그저 술 한 잔과 정담을 나누는 소탈한 모임인데 후배 한 분이 꼭 의제 하나를 정해 자료를 정리해 나누어 주었고 토론도 이어졌다. 대개 우리 현실과 관련된 공공 현안이 중심이었는데 2년여 전부터 학계 분들을 모셔 강의를 듣고 서로 토론하는 모임으로 한 걸음 나아갔다.

최근 주제들을 살펴보면 우리 현실을 성찰하고 통찰하는 뜻깊은 공론 의제들을 만날 수 있었는데 하나하나가 우리 현실을 가늠하는 척도를 던져주는 값진 내용들이었다.

국정농단과 촛불로 격랑의 시기였던 지난 해 총선을 겪으면서 사회학을 전공한 한국과학기술원(KAIST) 사회기술대학원 이원재 교수가 빅데이터 리서치를 바탕으로 강론한 '양극화와 정치의 위기'에 관한 의제는 영국 브렉시트와 미국 대선에서의 양극화로 인한 새로운 경향들을 거울 삼아 한국정치의 양극화가 초래하고 있거나 앞으로 몰고 올 문제들을 뿌리 깊이 되돌아 보게 해주었다.

지난 해 말 정치학자 서희경 박사가 강론한 '대한민국 건국과 헌법정신의 연원'라는 의제는 상해임시정부부터 지금까지의 정치사적 맥락에 대한 고증과 통찰을 통해 1919년 대한민국 임시의정원의 임시헌장(臨時憲章)부터 1987년 현행 헌법까지 깃든 정신의 흐름 속에서 오늘 우리 정치, 특히 개헌을 비롯한 새로운 정치 체제가 나아가야 할 나침반을 제시해주는 소중한 기회를 접하게 해주었다.

지난 6월 국문학자 김건우 교수의 사회사적 통찰이 담긴 '대한민국의 설계자들'이란 제하의 강론은 그간 단편적으로 논의되어온 근현대사 속 대한민국 인물사를 통해 진정한 대한민국의 뿌리는 무엇이고 어떻게 가를 뻗어 왔는지 되짚어 보며 오늘 한국사회의 과제들을 고민하는 소중한 기회를 선사해 주었다.

우연찮게도 그간 이름조차 없던 모임에 '그리운 미래'라는 명칭이 생겼는데 우리가 듣고 공부하고 토론하는 주제들이 주는 뉘앙스와 딱 맞는 듯해 더 뜻 깊게 느껴졌다.

흔히 그리움의 대상은 관용적으로 지나온 경험이나 추억에 대해서가 통상적인데 미지의 내일에 대한 그리움이라니. 일제강점기에 조국 독립을 꿈꾸며 간도 벌판을 말달리고 등촉을 밝혀 조국에 대한 그리움을 읽고 쓰던 선조 분들. 또 경제성장과 민주화의 현장에서 피땀 흘리며 자손들이 살아갈 대한민국의 미래를 그리던 할아버님, 할머님과 아버님, 어머님 세대 분들. 그리고 오늘 양극화로 상징되는 갈등과 대립 속에서 애타게 상생과 통합을 그리는 우리 모두들. '그리운 미래'는 이 모두에게 딱 맞는 느낌과 의미로 다가온다는 상념이다.

그리고 모임에 의제를 강의해 주시고 토론해주신 분들의 허락을 얻어 정리한 지식과 깨달음을 이 책 제1장에 '그리운 미래'라는 제하에 싣고 책 제목으로도 정했다. '대한민국의 미래'라는 넓고도 소중한 대전제(大前提, Major premise)에 고뇌를 함께 해오신 모든 분들께 깊이 감사 인사를 드린다.

제 책에 인용과 수록을 허락해주신 사회학자 이재열 서울대 교수님, 사회학자 이원재 한국과학기술원(KAIST) 교수님, 정치학자 서희경 박사님, 국문학자 김건우 대전대 교수님께 깊은 감사 인사 올린다. 또 함께 참여하셔서 토론해주시고 깨달음의 길 열어주신 정치학자 김영수 영남대 교수님, 김두영 아델만 코리아 수석부사장님을 비롯한 각계 전문가 분들께도 심심한 감사의 말씀 올린다. 내가 정치인인 탓에 공직이나 경제계, 산업계에 몸담으신 분들께 대한 감사 인사는 혹여 누가 되지나 않을까 하여 익명으로 돌린다. 끝으로 늘 모임의 연락과 자료정리에 수고해주시는 후배 심상협 전 한국원자력문화재단 전무에게 고마움을 함께 전한다.

더 깊이 감사한 분들은 부족한 후배의 글들을 이끌어주시며 출간사와 격려사를 써주신 김용재 전 대전대 대학원장님,

오효진 전 청원군수님 두 분 선배님이시다. 두 분의 헤아릴 수 없는 배려와 지도에 감사의 절 올린다.

늘 책이 나올 때마다 제자를 써주시는 김명숙 서예가님, 표지와 본문을 디자인해주신 조혜선 디자이너 님, 또 이번에도 변함 없이 출판을 대행해주신 기획출판 오름 김태웅 대표님께도 깊은 감사 인사 드린다.

어릴 적부터 읽고 쓰는 일은 바로 행하고 실천하는 첩경이라 믿고 항상 힘써왔다. 대학과 공직에서는 읽고 쓰기에 더하여 토론하고 더 새로운 생각과 기획을 가다듬어 공공을 위해 쓰이도록 또 힘써왔다. 앞으로 더 열성을 다하여 읽고 쓰고 논의하면서 나의 길, 우리의 미래를 여는데 밀알이 되어야겠다는 각오를 새롭게 다진다.

우리의 미래라는 넓은 울타리 안에는 늘 곁에서 고행을 돕고 지켜주는 가족이 있다. 아내 노영란, 또 풍족하게 뒷바라지 한 번 제대로 못해 줘서 미안하기만 한 지은, 지형, 두 아이에게도 이 기회에 감사의 말을 전하고 싶다.

이 부족하고 일천한 책 한 권으로나마 오늘 우리를 있게 해주신 할아버님, 할머님 세대의 모든 어르신들, 또 아버님, 어머님 세대의 모든 분들이 염원하시던 '그리운 미래'가 조금씩 가까워지기를 소망하는 간절한 마음으로 책을 펴내는 다짐을 대신한다.

이제 두 해 앞으로 다가온 3.1운동과 상해임시정부 수립 100주년에는 조금이나마 그 '그리운 미래'에 가까이 갈 수 있도록 신발끈을 졸라 맨다.

2017년 7월 14일

저자 이 명 수 / 수필가, 국회의원

추천사

대립과 갈등의 강을 건너는 법

무엇을 하더라도 마음을 따르면 법도에 어긋나지 않더라는 칠십 줄에 이르러 돌아보면 삶은 강 앞에 서는 일인 듯하다. 강을 거슬러 올라야 할 때가 있고 강을 건너야 할 때가 있으며 강과 더불어 흘러야 할 때가 있다.

후배 한 분께 연락이 왔다. 에세이를 모아 책으로 펴내는데 글을 부탁한다 했다. 망설였으나 찾아오겠다는 청까지 만류할 수는 없었다. 만나면 써 드려야 할 일이다. 사람 만나는 일도 흐르는 물과 같다.

그저 동향의 후배로만 알고 있던 이명수 의원. 알고 보니 잠시 공직에 몸담았을 때 함께 근무한 인연도 있었다. 성실한 정치인인 줄로만 여겼던 그가 수필가라는 또 다른 일면이 있음도 새로 알게 되었다. 벌써 일곱 권 째 에세이집을 펴낸다 한다. 새로 펴낼 에세이집 제목은 '그리운 미래'.

이명수의 글들을 읽으면서 그의 삶에 비추어 내 생애도 함께 돌아보게 된다. 나는 43년생이고 그는 55년생. 그는 전후세대이자 베이비부머 첫 세대이다. 내가 대학을 졸업하면서 동아일보 신춘문예에 당선되어 소설가로서 입문했을 즈음 그는 온양중학교 학생으로 전국 적십자사 글짓기 대회에서 최우수상을 받았고 문필의 업을 꿈꾸었다 한다. 내가 기자로서 광주사태 취재로 곤혹을 겪을 때 그는 고시 합격 직후 광주에서 장교 훈련을 받고 있었다 했다. 내가 언론에 복귀해 활발하게 활동하던 80년대에 그는 충남도청의 청년 공직자였고, 내가 정치에 입문했다가 총리실 산하 정부대변인 겸 공보실장으로 근무할 때 그도 함께 총리실에서 일했었다 한다. 내가 두 번의 낙선 끝에 청원군수로 일할 당시 그는 25년 공직을 떠나 정치에 입문했고 그 역시 두 번의 낙선을 거쳐 지금 3번째 임기의 국회의원으로 일하고 있다.

그의 새 책 '그리운 미래'는 3.1운동과 상해임시정부 수립 100주년을 2년 앞둔 다짐과 각오에서 시작한다. 문득 70년 신춘문예에 당선됐던 소설 '잉어와 꼽추'의 한 대목을 되새긴다.

용기와 결단에 관해서였다. 나는 어느 사나이가 절벽에 풀뿌리 하나를 잡고 매달려 있는데 그 풀뿌리마저 놓아버리는 게 용기라는 구절을 썼었다. 안중근 의사야말로 용기 있는 분이라고도 했었다. 죽을 때 용감했으므로.

이 구절은 실은 <백범일지>에서 빌어온 것이었다. 백범은 동학에 좌절한 후 안중근의 부친 안태훈의 부름에 응하여 안중근과 동문수학하게 된다. 그 때 만나게 되는 은사가 기호학맥을 잇는 고능선이었다. 고능선은 청년 백범이 부족한 결단력을 경계하라는 뜻으로 한시 한 편을 전한다.

得樹攀枝不足奇 懸崖撤手丈夫兒

나무 가지를 잡아도 발에는 힘주지 않고 벼랑에 매달려도 손에 힘주지 않는 것이 장부이다.

글과 행동은 진실한 것이어서 남에게도 내 자신에게도 속일 수가 없다. 젊은 날 소설의 한 대목으로 새긴 이 구절은 기자생활을 할 때나 정치인으로 일할 때, 또 글을 쓰거나 세상 모든 일을 만날 때 결단과 용기를 일깨우는 금언으로 삼아왔다.

이명수의 글을 읽으면서 3.1운동과 상해임시정부 100주년을 맞는 우리의 소명이 바로 대립과 갈등의 악순환을 결연히 끊는 용기와 결단에 있다는 생각을 새삼 새기게 된다. 아니 개인의 결단과 용기를 넘어 손잡고 어깨 부여안아 성큼 뛰어 넘어야 할 대한민국 백년의 사명이다.

나는 이제 강과 더불어 흐르고자 하는 연배가 되었다. 그러나 이명수에게는 강을 건너야 할 때가 아닌가 권하고 싶다. 늦깎이 주역(周易) 공부에서 누차 새긴 괘가 있다. 바로 '강을 건너야 이롭다'는 '이섭대천(利涉大川)' 괘이다. 주역에는 모두 14번 인용되는데 '풍뢰익(風雷益)' 괘 중 '익(益) 이유유왕(利有攸往) 이섭대천(利涉大川)' 대목을 전하고 싶다.

풀어 옮기자면 "개인의 이익이 아니라 공동의 이익은 갈 바를 두어 강을 건너야 이롭다. 큰 이익은 위를 덜어 아래에 더하니 백성이 기뻐함이 넘칠 것이요, 위로부터 아래로 내리니 그 도(道)가 크게 빛나리라" 하는 구절이다.

이명수의 글에는 끊임없는 용단의 결기가 깃들어 있어 반갑고 고맙다. 겉모습은 우유부단한 듯하나 마음먹으면 반드시 해내리라는 결기가 느껴진다.

세상에는 반드시 바꿔야 할 일들이 있고 변함없이 지켜야 할 가치와 정신이 있다. 이를 이루기 위해서는 스스로 반드시 지켜야 할 모습이 있고 또한 누군가와 더불어 변화시켜야 할 일들이 있다. 자유, 민주, 통일, 이러한 이상은 반드시 지켜야 할 가치이며, 소통, 상생, 화합, 이러한 실천은 일신하여 바꿔야 할 과제들이다.

나는 물가에서 자랐고 물가로 돌아와 살고 있다. 충청의 동서를 갈라 오르다 남으로 흐르는 금강이다. 지금은 대청댐으로 호반이 되었으나 어릴 적 뗏목에 버스를 실어 건너던 신탄나루 금강변 현도에서 나고 자랐다. 그래서 강을 건너 떠나고 돌아오는 일에 익숙하다.

이명수가 글에서 보여주듯 그가 사랑하는 이들과 더불어 강을 건넌다면 나는 키잡이라도 자청하여 돕고 싶다. 언젠간 강을 이루어 큰 바다를 향하여 앞서거니 뒷서거니 밀어주고 끌어주며 도저하게 흐를 그 날을 기약하며.

아마 그 날은 상생과 화합의 그 날일 것이며 통일의 그 날일 것이다. 거슬러 지난 100여년 간도에서 말달리고 피땀으로 가꾸어온 선열들의 맥박과 꿈을 힘차게 일으켜 세우는 그 날일 것이며, 그 분들이 애타게 간구했던 바로 그 '그리운 미래'이리라 믿고 함께 소망한다.

이명수 그가 지난 책에서 인용하며 새겼던 백범 김구의 귀국 직전 휘호 '불변응만변(不變應萬變)'이 새삼 선연해온다. "변하지 않는 가치와 정신으로 모든 변화에 대응하리라"는 결연한 각오. 이명수의 책과 더불어 우리 모두가 새기며 힘쓸 일이다.

오 효 진 / 소설가, 전 조선일보 기자, SBS 보도국장
전 정부 대변인 겸 공보실장, 청원군수

격려사

호서인의 기맥氣脈, 근민정신

궁극적 의미에서 문학과 정치의 이상은 하나다. 모두 여섯 권의 에세이집을 펴낸 정치인이자 수필가 이명수가 새 책으로 펴낼 원고들을 대하면서 새삼 되새기는 명제다. 문학이 불온한 세사에 맞서 참으로 인간다운 세상을 꿈꾸는 세계라면 정치는 부조리한 현실을 사람이 존중 받는 세상으로 변화시켜야 할 사명을 갖는다. 그래서 역설적으로 문학과 정치는 팽팽한 긴장을 형성하곤 한다.

정치가 본연의 사명에서 멀어져 오히려 부조리의 온상일 때 더욱 그러하다. 거슬러 올라 매월당 김시습의 시와 서포 김만중의 문학세계가 불의의 세상에 맞섰으며, 문체반정(文體反正)으로 몰리기도 했던 연암 박지원의 상상세계 또한 당대 백성을 억압하는 모든 세태를 풍자하고 비판했다. 일제 강점기의 진정한 문학이 그러하였고, 60년대 4.19 혁명을 전후한 깨어있는 문학인들의 목소리가 그러하였으며, 5.18 광주민주항쟁이나 6.10 민주항쟁의 전위에 섰던 문학의 외침과 성찰 또한 진정 인간다운 가치를 일깨우며 부조리한 정치에 맞섰다.

더욱이 지난 해 우리는 헌정 사상 초유의 탄핵돌풍으로 인한 촛불과 태극기의 물결 속에서 새삼 진정한 문학의 목소리, 또 참된 정치 본연의 모습을 절실하게 그려보는 시간을 가져야 했다. 그래서 문학과 정치는 부단한 긴장 속에서 건강한 비판을 주고 받으며 인간다운 세상을 지향해야 한다는 믿음이 더 강렬해졌다. 정치인이자 수필가 이명수의 글에서는 이러한 문학과 정치가 더불어 지향해야 할 세계의 일단을 엿볼 수 있어 반갑다.

그가 펴낸 여섯 권의 에세이집 중 내게 글을 부탁한 것은 2011년『붉은 마음 푸른 대한』, 2012년『코리아 하모니』에 이어 세 번째다.

그가 꿈꾸는 세계는 우리 근현대사 속에서 피땀 흘렸으나 좌절하여 이루지 못한 소중한 숙제들에서 시작한다. 끊임없는 민주주의의 진전, 대립과 갈등의 현실을 초월한 화합과 상생, 그리고 궁극적으로는 분단을 넘어서 가야 할 통일의 과제다. 그의 에세이들은 이러한 소중하면서도 대한민국 국민 누구나에게 가슴 절절한 의미들을 향하고 있다. 그 바탕에는 평범하면서도 묵묵히 자신의 자리에서 맡은 바 소임을 다하는 이름없는 사람들에 대한 따뜻한 애정이 깔려 있어 더 값지게 전해온다. 새로 펴내는 에세이집의 내용은 '그리운 미래'라는 두 어절에 집약되어 있다.

그의 새 책 제1부는 3.1운동과 상해임시정부 100주년을 향하는 각오와 다짐에서 출발하여 지금까지 이념과 대립의 장막에 가려 있던 현실과 이상의 통합을 꿈꾼다. 그 100년의 맥박 속에서 숨어 있던 대한민국의 진정한 주역들에 주목한다. 그리고 그 숨결과 맥박의 연장선상에서 오늘 우리 사회의 양극화의 중심에서 그 해결의 열쇠를 찾는다.

제2부는 늘 그의 글들에서 빠짐없이 보이듯 평범하지만 숨겨져 있던 사람과 이야기들이 따뜻하게 그려낸다. 문학인으로서 향토문학지 《설화문학》과 함께한 글, 그저 통속적이라 지나칠 가요 속에 깃든 서민의 애환과 사랑, 늘 맞고 지나는 세시풍속 속의 소망과 기원, 우리 다음세대를 향한 따뜻한 헌신의 손길, 영욕의 역사 속에 묻혀버린 향토문인이자 대중가요 작사가의 발굴과 조명, 이름 없는 한 여성 농민 시인의 시세계를 향한 단상, 그리고 묵묵히 고향의 후진을 기르며 헌신하는 교육자에 대한 존경의 헌사. 이러한 숨겨진 사람들의 이야기는 제1부 '그리운 미래'의 숨결과 맥박이 어디에서 와야 하고 어디로 가야 하는지를 돌아보게 한다. 그곳은 바로 모든 이름 없는 사람들, 그러나 대한민국이라는 큰 울타리 안에서 서로 손잡고 껴안아야 할 소중한 삶과 꿈들이 아닌가.

제3부는 그의 맡은 바 소명인 정치인으로서 정치 현장의 목소리를 담고 있다. 그가 아산 출신이어서 어릴 적부터 귀감으로 삼아온 충무공 이순신의 재조명과 계승, 국민안전을 향한 행정가로서의 경륜이 담긴 제언과 실천, 그의 고향이자 지역

구 아산문화의 창달을 향한 노력과 열정, 그리고 의원외교 현장에서 새롭게 발견하고 되새기는 세계사 속 한국의 위상과 모습들. 그가 행하고자 하는 정치인으로서의 사명에서 좁은 국수주의의 울타리를 넘어 역사와 세계사적 보편성을 지향하는 열린 지평을 엿볼 수 있다.

새로 나올 그의 글들의 마지막 장을 덮으면서 떠오르는 그의 모습 중 하나가 역사의 뒤안길에 가려 있던 대전의 3.8 민주운동 기념사업을 위해 헌신적으로 뛰던 모습이다. 4.19 혁명의 전위를 형성했으나 마산과 대구의 기념사업에 비해 소외되었던 3.8 민주운동. 2012년 이명수 의원은 '민주화운동기념사업회법 일부 개정안'을 대표발의해서 '3.8 대전민주의거'가 53년만에 우리나라 민주화운동으로 인정받는데 앞장섰었다.

이러한 그의 모습과 글 속에서 새삼 호서인(湖西人)의 기맥(氣脈)을 떠올리게 된다. 한때 조선 후기의 국가정신을 이루었으나 당쟁과 일제강점기 식민사학의 그늘에 가려 호도되어 온 기호유학을 근간으로 한 호서인의 맥박은 독립정신과 우국

열사들에게 면면히 이어져 내려왔다는 믿음이다.

주지하다시피 기호유학(畿湖儒學)은 율곡 이이에서 비롯하여 중봉 조헌으로, 이후 사계 김장생, 동춘당 송준길, 우암 송시열로 이어지며 조선 후기 집권 철학을 뒷받침하였고 면암 최익현으로까지 이어졌다.

기호유학의 선비정신의 핵심 중 하나가 '근왕정신(勤王精神)'이다. '근왕(勤王)'의 의미를 군주 중심의 봉건적 유제로 폄하하는 경향도 있으나 조선 창건의 배경에 민의를 받드는 '왕도정치(王道政治)'가 근간이었음을 되돌아 본다면 백성을 하늘로 보았던 '근왕'의 현대적 해석과 계승은 '근민(勤民)' 아니던가. 선비이자 공직을 받드는 사대부로서 으뜸의 강령은 맡은 바 소명을 위해 사사로운 연고를 멀리하고 오직 공공의 직분에 우선하였던 바 곧 '근민정신(勤民精神)'이다.

나는 이명수의 '그리운 미래'의 글들에서 전해오는 정신을 '근민'으로 읽었고 호서인의 맥박으로 느낀다. 나아가 이러한 그의 정신이 오늘 우리 정치의 본분을 새로이 밝히는 작은 등

불로 밝아오길 소망해 본다. 그 가능성은 그가 정치인으로서의 사명을 문학인으로서의 부단한 성찰과 깨우침으로 이루어 갈 것으로 믿는다.

김 용 재 / 대전대학교 대학원장(역)
국제PEN한국본부 부이사장

목차

제2부
숨겨진 이야기 속 숨은 사랑

제3부
오늘 우리의 사명을 찾아서

제1부

그리운
미래

한국 사회와 정치의 양극화, 그 해법을 찾아서

2016년 8월 말 여름이 다가는 토요일 오전 '한국 사회와 정치의 양극화'라는 주제로 작은 세미나가 열렸다. 4개월여 전 4.13 총선의 이변, 그리고 6월 전 세계를 강타한 영국의 '브렉시트' 국민투표의 이상 현상, 그리고 곧 연말로 다가온 미국 대선에서 현실화되던 샌더스와 트럼프 열풍이 세계 정치지형을 변화시키는 조짐을 보이던 상황이었다.

국내에서는 7월부터 권력핵심을 둘러싼 의혹 제기로부터 이른바 '국정농단'의 실마리가 서서히 의혹을 증폭시키던 시기였다.

사회학을 전공한 한국과학기술원(KAIST) 문화기술대학원 이원재 교수의 빅데이터 리서치를 바탕으로 한 '양극화와 정치의 위기'라는 발제는 주목받기에 충분했다. 영미를 비롯한 서구 정치의 양극화 현상을 분석하고 오늘 우리 한국사회, 특히 정치에서도 양극화가 극심해지고 있고 이러한 폐해가 어떠한 악영향을 초래할 지 여러 각도에서 의제를 제시하고 토론했다.

이원재 교수의 발제를 중심으로 현장에서 이루어진 토론은 다시 영남대 정치학과 김영수 교수, 서울대 사회학과 이재열 교수, 김두영 아델만 코리아 수석부사장 등을 비롯한 각계 전문가 분들의 자문을 거쳐 정리된 자료로 받아볼 수 있었다.

"편가름의 민주주의, 통합의 희망은 없는가?"

한국사회의 양극화는 어제 오늘의 문제가 아니다. 뿌리 깊은 중앙과 지방의 격차와 지역갈등, 계층간의 소득 불균형 심화, 중소기업과 대기업의 양극화, 최근엔 일자리를 놓고 세대간의 갈등마저 심화되는 양상으로까지 번지고 있다.

정치 현장에서 가장 심각한 양극화는 보수, 진보 대립 양상으로 권력을 둘러싸고 평행선으로 치닫곤 하는 갈등이다. 그리고 그러한 극단의 갈등은 정권이 바뀔 때마다 이른바 '전 정권 지우기' 식의 정책일관성 실종을 초래하고, 5년 단임의 권력구조와 맞물려 국익과 긴밀하게 연관되는 외교안보 라인까지 심각하게 뒤흔들어 놓곤 한다. 비단 여야의 정권교체 뿐만 아니라 여권끼리의 재집권시조차 '전 정권 지우기'의 폐해가 반복되고 중장기 국가전략은 실종될 수밖에 없다.

이원재 교수 발제의 첫 소주제는 "편가름의 민주주의, 통합의 희망은 없는가?"라 요약할 수 있다. 사회학적 시각에서는

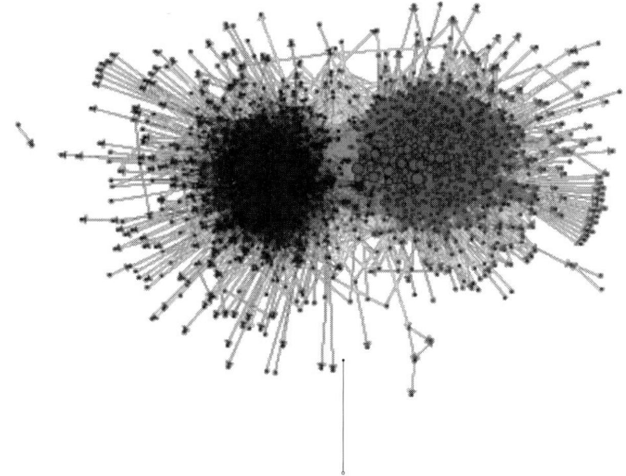

그림1. Adamic, Lada A., and Natalic Glance. "The political blogosphere and the 2004 US election:divide they blog." Proceedings of the 3rd international workshop on Link discovery. ACM, 2005.

유유상종의 편가름, 갈등과 대립의 경쟁은 일면 당연한 현상이자 선의의 정책경쟁과 합의를 통해 정치발전의 원동력이 되기도 한다. 하지만 대화와 합의를 외면한 극한 대립과 양극화는 소모적 갈등의 악순환을 반복하고, 사회발전에 걸림돌은 물론, 막대한 낭비를 초래하곤 한다.

그림1에서는 2004년 미국 존캐리 후보와 부시 후보의 대선 당시 블로고스피어(Blogosphere)에 나타난 '편가름' 현상, 그

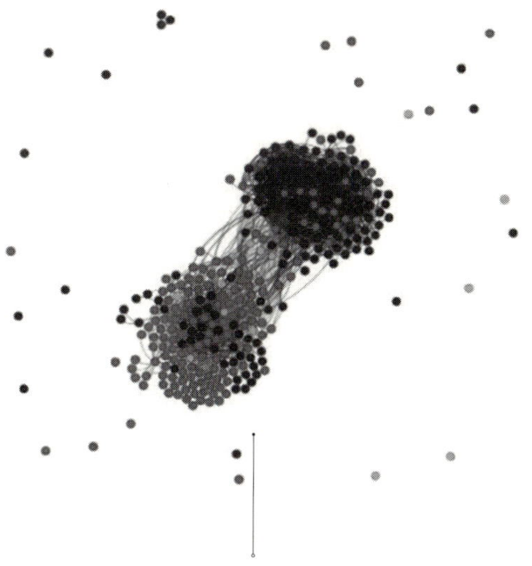

그림2. 2012년 4월 4일 트위터에 나타난 박근혜 후보 지지자와 비지지자의 이념적 분포.
W.Lee, J.Kim. Social Computing Lab. KAIST Jul. 2012

리고 그림2에서는 2012 대선의 출발점이었던 총선 직전 시점의 박근혜 후보 지지자와 비지지자의 이념적 분포에서 극단적인 대립과 갈등 양상을 확인할 수 있다. 미미하지만 진보와 보수 양 진영을 넘나드는 소통 현상은 존재하지만 주류를 형성하기엔 역부족임을 확인하게 해준다.

여기서 블로고스피어(Blogosphere)란 블로그를 통해 커뮤니티나 소셜 네트워크처럼 서로 연결되어 있는 모든 블로그들의 집합을 말하며, 서로 연결되어 블로그에서 댓글을 달고, 블로그의 글을 읽고, 트랙백을 걸면서 이슈를 확산, 개인적인 의견을 나누며 블로고스피어, 즉 블로그 문화를 성장하는 현상을 말한다. 블로그 뿐만 아니라 최근 지배적으로 부상하는 페이스북을 비롯한 SNS 전반에 유사한 현상으로 나타난다.

우리는 이 지점에서 우리는 “과연 통합은 불가능한가?”라는 물음을 던져야 한다. 나아가 진정한 통합을 지향하기 위해서는 양극화의 양상과 원인, 즉 그 뿌리를 면밀하게 관찰하고 검토해야 한다.

이원재 교수는 마이클 매시(Michael Macy) 박사의 강연 내용을 예로 들면서 ‘극좌 극우 편향의 반기능성(Dysfunctional)’이라는 숨은 원인을 가설로 제시했다. 다소 어려운 개념이나 단순화하자면 보수와 진보, 또는 좌우의 대립이라는 틀을 벗어나 극단주의자들이 양극화 현상을 지배하고 움직일 때 갈등은 걷잡을 수 없이 심화되며 대화와 합의의 공론장이 상실되는 극단적인 상황을 초래함을 말한다. 이재열 교수는 이러한 극단주의가 지배하는 양극화를 ‘이미 미워할 준비가 된 갈등’으로 표현했다.

이러한 극단주의는 기존 좌우, 또는 진보와 보수 진영을 무력화시키는데 미국 정치에서는 1964년의 대선 당시 공화당 베리 골드워터 후보가 ‘시빌라이트 액트’에 반대하자 전통적인 민주당과 공화당 지지자 사이에서 민주 성향의 백인 인종주의자(White Racists)들은 공화당 지지로, 공화당 흑인 지지자는 민주당 지지로 이동하는 극단적인 양극화 현상을 보였다. 즉 공화당 지지자 중 이념적으로 극단주의적인 세력이 부각되자 이에 대한 반발 현상이 맞서며 전형적인 공화와 민주 진영의 대립을 극단적으로 몰아가게 된 것이다.

우리 정치에서도 '일베(일간베스트)'와도 같은 극우 그룹이 보수진영을 지배하자 이에 반하는 진보진영 즉 '오유(오늘의 유머)'와도 같은 그룹이 맞서며 기존의 진보와 보수 대립을 잠재우며 극단적인 정치 양극화를 초래하는 현상을 볼 수 있다. 이들 극단주의 그룹은 전통적인 정치이념을 외면하고 집단이기적인 선택을 지향한다는 점에서 사회 전반에 우려스러운 변화를 초래한다.

2016년 세계를 강타한 영국의 브렉시트의 경우 찬성표를 던진 노동자 그룹, 그리고 미국 대선에서 샌더스 열풍을 몰아오거나, 트럼프 당선의 동력이었던 실직 위기의 백인 노동자 그룹이 이러한 극단적인 양극화를 초래한 세력으로 평가할 수 있다.

특히 미국 대선의 경우 정당이 다름에도 불구하고 트럼프와 샌더스 지지 젊은 층은 다르지 않다는 점은 소수의 극우, 또는 극좌 그룹이 여론지형을 지배하려 할 경우 합리적 진보와 보수는 공통분모를 형성하며 이에 비판적인 세력을 형성한다는 것을 입증한다.

이렇듯 서구 민주정치 선진국인 영국의 브렉시트나 미국의 샌더스, 트럼프 현상들은 극단적인 양극화가 초래하는 이상 현상을 설명할 수 있게 해준다. 그렇다면 우리 한국 정치의 양극화는 어떠한 양상으로 어떤 현상들을 초래하거나 위험성을 갖는가?

'촛불'과 '탄핵 이전에 이미 거센 국민적 저항 예견

주지하다시피 세미나가 진행되던 2016년 8월 당시에는 탄핵까지 초래할 '국정농단 사태'까지는 예상할 수 없던 시점이었다. 그러나 2014년 세월호 이후 극단적인 양극화 현상의 징후 속에서 광범위한 매스컴의 왜곡과 조작이 진행되는 가운데 이미 비극의 단초와 저항의 거센 물결은 예고되고 있었다.

이원재 교수는 당시 서울대 정치학과 박종희 교수의 『세월호 이후 여론 분석과 언론의 정부평가』라는 리서치와 리포트에서 '세월호' 이후 지배적인 언론들의 정부와 여당에 대한 평가는 복원되는 듯이 보였으나 저변 민심의 실상은 정부여당에 대한 불신이 팽배하고 있었다고 분석했다. 한 걸음 나아가 기층 민심은 오히려 정부여당 편의 언론과 권력핵심을 향한 불신이 높아지고 있다고 예측했다.

대표적인 사례가 정부 여당 편향 언론의 공존불가능한 개념을 모순되게 확산시키려는 의도, 실례를 들자면 '친환경+4대강', '자유주의+국정교과서' 등과 같이 작위적으로 시도한 정부의 신뢰회복 의도는 오히려 역효과를 초래하며 더 큰 정부 불신과 무정부상태를 초래할 것으로 예측하고 있다.

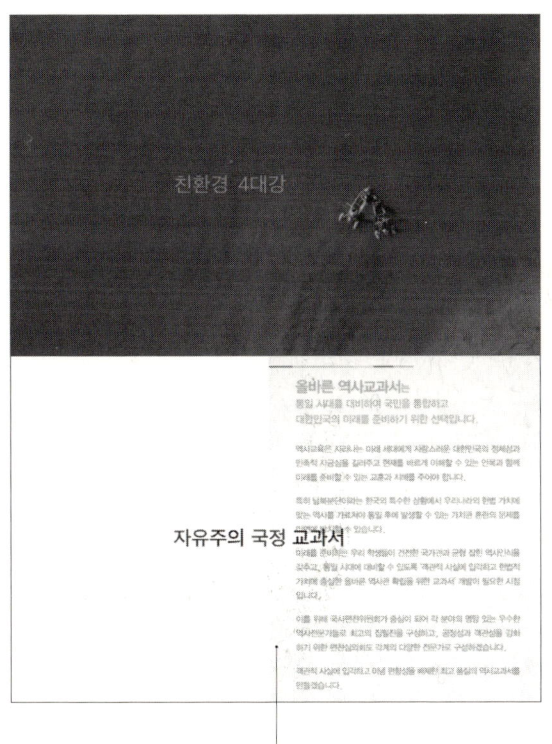

'촛불'과 '탄핵' 이전인 8월 정부와 언론의 광범위한 왜곡은 이미 거센 국민적 저항을 예견한다는 분석이 나왔다. 실례를 들자면 '친환경+4대강', '자유주의+국정교과서'처럼 논리적으로 모순된 주장을 전면에 내세운 결과 정부에 대한 신뢰는 급격히 추락할 수 밖에 없었다.

이는 마치 세월호 침몰이 단순한 한두 가지 요인에 의한 것이 아니라 공공부문 전반의 복합적인 요인이 얽혀 초래한 참사였듯이 이에 대한 민심의 반발과 저항도 수용이 불가능할 정도로 통제와 예측을 벗어난 해결불능의 사태를 초래할 수 있다는 경고였다.

불과 두세 달이 지지나지 않아 이러한 예측은 '촛불'과 '탄핵'이라는 헌정 사상 초유의 무정부 상태를 초래하면서 국민

외신들은 우리 '세월호 참사'를 한상진 교수가 지적한 바 있는 '조직화된 무책임(Organized irresponsibility)'의 전형적인 사례로 보도했다. 이는 한 가지 원인이 아닌 무책임하고 조직적이면서도 복합적 요인으로 일어나며, 이해나 수용이 불가능할 정도로 통제와 예측이 어려운 해결 불능의 상황을 초래한다.

적 저항으로 나타났다. 물론 이 과정에서도 양극화의 한쪽 끝인 극우 그룹은 '태극기 집회' 등을 통해 갈등과 대립을 격화시키는 자가당착의 사태를 야기하기도 했다.

이렇듯 양극화로 인한 극단적인 대립과 갈등, 혼란은 공공부문이나 권력의 무능과 무기력, 기만과 조작 등의 불행한 사태와 맞물릴 경우 시민 스스로 출구를 찾는 '밑으로부터의(Bottom up)' 운동과 저항의 형태로 나타나기도 하고, 집단지성 형태로 시민 스스로 해법과 대안을 찾기도 한다.

한국 사회의 경우 저항운동의 사례는 양극화와 '국정농단'이 맞물려 시민들이 나서 '촛불'과 '광장'을 형성하고, '탄핵'과 '조기 대선'이라는 출구를 향해 분출되었다.

이에 반해 메르스 사태 당시 정부가 메르스 발생 지도를 공개하지 않자 시민 스스로 '메르스 지도'를 만들어 공개하고 확산시켰던 사례는 집단지성 형태로 시민 스스로 해법과 대안을 찾아 나선 경우라 할 수 있다.

'공공 불신 극단화, 시민 스스로 생존 모색하거나 저항에 나선다'

이원재 교수는 이러한 현상을 '시민 스스로의 생존'을 모색하는 새로운 양상으로 해석했다. 에볼라 바이러스가 발생했을 때 통신이 미비한 아프리카에서 우샤이디 닷컴과 앱, 모바일 등의 수단을 활용, 지도에 에볼라 바이러스의 확산 지점을 실시간으로 올려 지도를 유포시켰던 사례가 그 시초였다. 이후 보스턴 마라톤 테러 당시 시민들이 직접 지도를 작성했거나 한국의 메르스 사태 당시 정부가 발생 지도를 비공개하자 시민 스스로 메르스 발생 지도를 작성해 공유했던 사례들이 이에 해당한다.

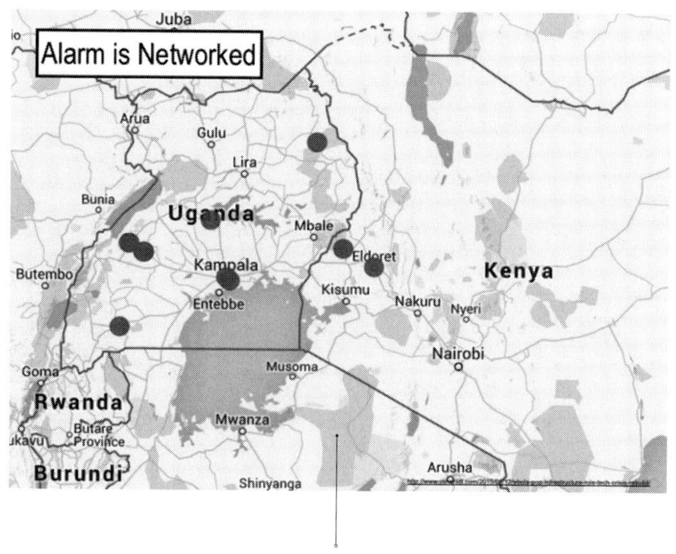

통신이 미비한 아프리카에서 우샤이디 닷컴과 앱, 모바일 등의 수단을 활용, 지도에 에볼라 바이러스의 확산 지점을 실시간으로 올려 지도를 작성하고 공유했던 사례.

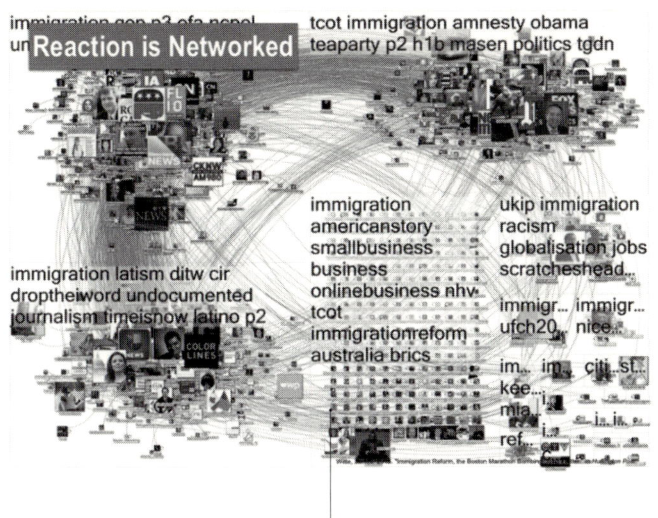

미국 보스턴 마라톤 테러 당시 미국의 통신기록으로 시민 스스로 형성해서 공유한 '스마트 맵'.

양극화를 해소할 책무는 분명히 정부에 있고, 그렇지 못할 경우 제도권과 공공부문과 시민사회는 대치상황에 직면하게 된다. 이러한 현상이 바로 지난 해부터 한국사회를 뒤흔들든 '촛불'과 '광장'의 사회학이다. 그렇다면 그 책임은 '국정 농단'에게만 있고 그를 단죄하는 것만으로 우리 사회가 정상화되며 양극화가 해소될 수 있는가?

정치 현장에서 체감하는 '촛불'은 새로운 정부가 들어선 지금에도 여전히 현재진행형이라는 생각이다. 왜냐하면 이른바

국정농단 사태는 비단 전 정권 권력핵심 몇몇의 문제라기보다는 이를 견제하고 감시했어야 할 국회를 비롯한 정치권, 검찰을 비롯한 사정기관, 또 언론까지도 모두 책임이 있다는 생각이다. 여전히 대한민국 국민들은 '자발성'과 '시민성'의 눈을 부릅뜨고 지켜보고 있다는 믿음이다.

이원재 교수는 가장 기본적이면서도 중요한 출발을 개방과 공유에서 찾았다. 즉 공공부문에서 제도(프라이버시), 데이터 소스 등을 개방하고 국민들이 이를 활용하여 새로운 시민영역을 개척하고 혁신해 나아갈 수 있도록 재원과 제도로 지원해야 한다고 지적했다. 그러나 우리의 경우 정보 공개의 초보적인 단계에서 구글 지도조차 거부하고 있는 실정이며 시민사회의 영역이 글로벌 디지털 환경에서 소외되는 상황을 초래했다.

이재열 교수는 이러한 개방과 공유의 비전이 신뢰를 향한 공공성의 회복으로 이어져야 한다고 지적했다. 또한 우리 지적 전통에 정통한 한문학자 안대회 교수는 갖은 외침과 당쟁 속에서 조선 오백년을 지탱했던 힘이 '통의(通義)'라는 지극히 상식적이고도 공정한 윤리에 있음을 환기하면서 오늘 한국사회에 국민 누구나가 공감하고 공유할 수 있는 국민정신의 정립이 필요함을 역설했다.

양극화의 해법, '합의(合議)'와 '정책일관성(政策一貫性)' 회복의 길

25년을 공직에서 일했고 이후 15년을 정치현장에서 소명을 구하고 있는 입장에서 오늘 한국 사회가 당면하고 있는 위기를 정치 영역에서 찾고자 고민해본다. 그리고 오래 전부터 작으나마 애쓰고 있는 '합의(合議)'와 정쟁과 당파를 초월한 '정책일관성(政策一貫性)'을 그 나침반으로 삼고자 한다.

지난 5월 9일 '국정농단'으로 시작된 '촛불'과 '광장'은 새로이 문재인 정부를 출범시켰다. 정치인이기 이전에 국민의 한 사람으로서 여야를 떠나 부디 새 정부만큼은 '합의'와 '정책일관성'을 회복하며 성공한 정부로 대한민국 헌정사의 새 장을 열어주기를 소망하고 또 도울 각오다.

지난 대선 과정, 그리고 새로운 정부가 출범하는 시간, 세계사의 두 장면을 가슴에 새겼다. 한 장면은 1961년 존 F. 케네디 대통령의 취임사다. 오늘 우리는 여전히 분단이라는 냉전의 유제 한 복판에 서있고 미국과 중국, 소련 등 열강의 세력다툼 속에 있다. 더욱이 지구상 유일의 분단국가로 북핵을 비롯한 휴전상태의 외교 안보 위기 앞에 직면하고 있다. 존 F. 케네디는 대선 과정에서 카톨릭이라는 공세에 직면하자 "카톨릭 대통령이 아니라 미합중국의 대통령이 되고자 한다"는 명연설로 통합을 역설하며 위기를 넘어선다. 또한 1961년 존 F. 케네디 대통령이 취임하던 미국은 소련과 극한 대치로 치닫던 상황이었다. 그러나 그는 눈 앞의 과제를 언급하기보다는 먼 미국의 미래를 얘기한다.

"이 모든 것이 첫 100일(취임 후)내로 끝나지는 않을 겁니다. 또 (취임 후) 첫 1,000일 만에 끝나지도, 이 '행정부'의 임기 중에도, 이 지구상에서의 우리가 살아가는 동안에도 끝나지 않을지도 모릅니다. 그러나, 우리는 (이제) 시작합시다.

All this will not be finished in the first one hundred days. Nor will it be finished in the first one thousand days, nor in the life of this Administration, nor even perhaps in our lifetime on this planet. But let us begin."

존 F. 케네디 대통령이 불과 2년 10개월의 짧은 재임 기간과 피그스 만 사건 개입 의혹과 각종 스캔들에도 불구하고 미국 역사에 가장 깊이 기억되는 대통령으로 남은 이유를 돌아보게 된다. 그것은 그의 취임사에서 볼 수 있듯이 단기간의 성과가 아니라 먼 미래의 미국을 내다보았기 때문이 아니었을까?

취임 직후인 1962년 10월 22일부터 11월 2일에까지 핵전쟁 발발 직전까지 갔던 쿠바 미사일 위기 사태를 케네디는 극복

존 F. 케네디 대통령이 불과 2년 10개월의 짧은 재임 기간, 또 피그스 만 사건 개입 의혹과 각종 스캔들에도 불구하고 미국 역사에 가장 깊이 기억되는 대통령으로 남은 이유는 미국의 먼 미래를 향한 비전과 그의 사후 결실을 맺은 개혁적 성과 때문으로 평가된다. 사진은 존 F. 케네디가 퓰리처상을 수상한 저서 『용기 있는 사람들』

한다. 소련이 핵탄도 미사일을 미국 코 앞의 쿠바에 배치하려 하자, 미국이 운반선을 막기 위해 군함을 보내면서 핵전쟁 직전까지 치달았던 쿠바 미사일 사태는 결국 협상으로 막을 내렸고 소련과 미국 간 핫라인 개설과 부분적인 핵실험금지조약 체결로 이어진다. 극한 대립의 냉전 속에서 평화와 협상의 첫 걸음을 내딛었던 것이다.

미국 정치사에서 큰 업적으로 기록되는 성과는 그의 후계를 이은 린든 존슨에 의해 여야를 뛰어 넘는 '정책일관성'의 전통을 세우며 하나씩 실현된다. 사실 존 F. 케네디 대통령은 의회와의 관계가 그다지 원만하지 못했다. 이를테면 인종, 종교, 국적 등으로 인한 차별을 없애기 위한 포괄적인 민권법안을 제안했지만 그의 생전에 의회에서 통과되지 못했고, 그가 암살된 후 대통령직을 승계한 부통령 린든 존슨의 노력으로 1964년 7월 2일에서야 통과된다.

린든 존슨은 미국 역사상 시민권에 관한 가장 중요한 연방법으로 평가 받는 민권법안을 통과시켜 케네디를 추모하자고 상하원에 호소했고 여야를 초월한 '정책일관성'의 단초가 된다.

또한 여성지위자문위원회를 통해 여성들의 정치적, 경제적, 교육적 지위를 진단하고 개선하려는 노력은 그의 사후인 1963년 동등 임금법 통과로 이어졌고 민권법에도 대폭 반영되었다. 이밖에도 의회에 노인의료보험제도 도입과 실시를 강력히 권고하는 동시에 사회보장자문위원회를 설치한 일은 케네디 정부 시절에 이루어지지 못했으나 린든 존슨 정부인 1965년 노인의료보험제도(메디케어)와 저소득층 의료보호제도(메디케이드)를 포함한 사회보장법 개정안이 통과되면서야 이루어졌다.

국제적으로도 개발도상국을 지원하기 위해 봉사자들을 훈련시키고 파견하는 '평화봉사단' 창설, 중남미 20여 개국과 '진보를 위한 동맹'을 추진하면서 미국이 경제원조와 민간투자를 시행하고 중남미 각국이 경제 및 사회발전을 위해 노력한다는 의제를 실천한 것도 존 F. 케네디의 업적으로 남아 있다.

그의 취임사 말미는 마치 예언처럼 그가 죽은 후에도 큰 울림으로 남아 지금도 한 걸음씩 나아가고 있다.

"그래서 나의 동료 미국인 여러분. 당신의 나라가 당신을 위해 무엇을 할 것을 묻지 마십시오. 당신의 나라를 위해 당신이 무엇을 할 수 있을지를 물으십시오.

세계의 나의 동료 시민 여러분. 미국이 당신에게 무엇을 할지 묻지 마십시오. 인류의 자유를 위해 우리가 함께 무엇을 할 지를 물으십시오.

And so, my fellow Americans: ask not what your country can do for you--ask what you can do for your country.

My fellow citizens of the world: ask not what America will do for you, but what together we can do for the freedom of man."

폭력과 갈등의 남아공을 구한 만델라의 국민합의 '시나리오 씽킹'

오늘 우리 대한민국이 처한 위기를 넘어서기 위한 첫 걸음, 그것은 바로 존 F. 케네디의 교훈에서 보듯이 목전의 성과보다는 먼 미래를 향한 비전, 그리고 여야를 뛰어 넘어 다음 정권에까지 이어지는 정책일관성이 주는 교훈이 아닌가 생각하게 된다.

새로운 정부가 출범하는 순간 뚜렷이 떠오른 또 한 장면은 문재인 대통령이 취임하던 5월 10일, 23년 전 같은 날 남아프리카공화국 대통령에 취임한 넬슨 만델라였고 그가 이룩한 '합의'의 위대한 여정이었다.

유혈과 폭력의 남아공을 합의와 전진으로 이끌어 노벨 평화상을 받은 넬슨 만델라 대통령. 그를 무장투쟁의 민주화 운동가에서 합의의 국가 지도자로 만든 것은 '시나리오 씽킹'이라는 국민합의 프로세스였다.

91년 감옥에서 풀려난 그는 극단적인 진보에서부터 극우에 이르기까지 함께 모여 오로지 '남아공의 미래'라는 대의 아래 시나리오를 논의하고 합의하기 시작한다. 몽플레라는 작은 포도 농장에서 1년여 동안 국민과 소통하며 만든 '남아공 시나리오 씽킹'은 3년 후 대선에서 유혈과 준폭동 상태의 남아공에 평화적인 정권교체를 가져왔다. 그리고 국민통합과 국민적 합의를 이루어 나가면서 세계사에 기록될 만한 위대한 전진과 화합의 시대를 열며 세계가 주목하는 월드컵 개최국으로까지 성장했다.

여야와 이념, 계층과 지역, 세대와 성별 차이 없이 오로지 참되고 올바른 대한민국의 새로운 미래를 향한 대전제 아래 공론장을 마련하고 '대한민국 시나리오 씽킹'을 구상하는 일이어야 한다. 양극화의 극한대립으로 치달아온 우리 모습을 일신하고 '합의(合議)'의 새로운 전환점을 마련하는 일, 바로 새 정부가 앞장서고 여야가 힘을 모아야 할 소중한 과제라 생각한다.

이원재 교수는 2016년 8월 빅데이터 리서치에 기반한 국내외 사례 분석을 바탕으로 '한국 사회와 정치의 양극화'라는 제하의 발제에서 이미 통제불가능한 국민적 저항을 예견하며 정치권을 비롯한 한국 사회 전반의 뿌리 깊은 성찰과 혁신을 역설했다.
이원재 카이스트 사회과학기술대 교수는 70년 서울 출신으로 연세대와 미국 시카고대에서 사회학을 전공하고 서울대사회발전연구원을 겉쳐 현재 카이스트 문화기술대학원 교수로 일하고 있다. 특히 이원재 교수는 공공부문 빅데이터 리서치 분야의 선도적 성과를 내놓고 있으며, 원자력을 둘러싼 한국사회의 갈등, 제4차산업혁명 시대의 직업기술교육의 방향 등 다양한 연구로 한국사회의 미래를 향한 길을 열어가고 있다.

통합해야 할 건국의 현실과 통일의 이상

오늘 우리가 겪는 양극화의 대립과 갈등은 단순히 우리 현실을 둘러싼 문제만이 아니다. 국정교과서에서부터 개헌에 이르기까지 평행선을 달리는 극단적인 갈등이 있다. 바로 대한민국의 건국을 어디서부터 볼 것인가 하는 논점이다.

오는 2019년 우리는 3.1운동과 대한민국임시정부 100주년을 맞는다. 지금 보훈처 홈페이지에는 '3.1운동 대한민국임시정부 수립 100주년 기념사업 국민제안' 공지가 떠 있다. 보훈처 주관을 넘어 범정부적 차원에서, 나아가 기념사업 수준이 아니고 대한민국 건국의 연원에 대해 범국민 대토론, 공론화와도 같은 절차를 거쳐 국민적 합의를 모색해야 할 사안이 아닌가 싶다.

'국정농단'과 '탄핵'의 거센 바람 속에서 '촛불'이 역사적 전환을 예고하고 있던 지난 해 12월 13일 정치학자로서 대한민국 헌법과 건국에 관해 깊이 연구해온 서희경 박사를 모시고 작은 세미나를 가졌다.

인사동 초입 태화빌딩을 지나면서 감회가 새롭다. 한때 이완용의 별장이기도 했던 이곳 터는 3.1운동 독립선언식이 있었던 태화관 자리이고, 지금은 '삼일독립선언유적지' 표지석이 세워져 있다.

대한민국 건국을 둘러싼 갈등은 뿌리가 깊고 심각하다. 거슬러 오르면 1946년 3.1운동 기념식을 우익 진영은 보신각에서, 좌익 진영은 탑골공원(파고다 공원)에서 개최한 이래 대한민국 정부 수립 60주년이던 지난 2008년 8월 15일 이명박 정부가 8.15 광복절을 건국일로 지정하여 기념식을 치루려 하자 야당은 참석을 거부하고 백범기념관에서 기념식을 거행하여 헌정 사상 초유의 반쪽 8.15 기념식이 치러지는 안타까운 상황을 초래하기도 했다.

이명박 정부가 총리실 산하에 건국 60주년 기념사업위원회를 발족시키고 대한민국 현대사박물관 건립, 건국 60년 기록물 전시회 등을 기획하면서 의욕적으로 추진하려던 1948년 건국일 제정 움직임은 결국 갈등으로 얼룩지고 말았다.

정치학자 서희경 박사의 '건국'과 '독립' 통합론

현실 정치에 몸담고 있는 한 사람으로서, 그리고 유권자로부터 권리를 위임받은 사명을 받드는 한 사람으로서 서희경

서희경 박사가 2012년 펴낸 『대한민국 헌법의 탄생』. 이 저서는 오늘 우리 대한민국의 정체성인 민주공화에 바탕한 한국 헌정사의 연원을 만민공동회까지 끌어올렸다는 점에서 학계의 주목을 받은 바 있다.

박사의 강연은 시사하는 바가 묵직했다. 무엇보다 국민 다수가 여망하는 개헌을 앞두고 우리 대한민국이 어떤 모습으로 어떻게 출발했는지 논쟁을 합의하고 통합해야 한다는 과제는 3.1운동과 대한민국 임시정부 100주년을 맞아 반드시 이뤄내야 한다는 사명을 다지게 해주었다.

특히 대한민국임시정부 수립일을 건국일로 보느냐, 아니면 대한민국 정부 수립일을 건국일로 보느냐 하는 문제는 대한민국 국가의 정통성이 어디에서 비롯되느냐의 문제만이 아니라 개헌과 관련해서도, 나아가 언젠간 다가올 통일과 관련해서도 중요한 의미를 지닌다는 생각이다.

서희경 박사는 오늘 우리 건국 논란의 핵심을 세 가지 관점에서 제시했다. 첫째 '헌법 전문과 국가 정통성'의 측면, 둘째 제헌헌법 제정과 대한민국 정부 수립을 전후한 근현대사에 대한 깊은 이해의 필요성, 셋째 '민주공화'라는 대한민국 정체성의 기원, 이 세 가지 측면이다.

첫째 '헌법 전문과 국가 정통성'의 측면의 논점이다. 대한민국 국가 정통성을 명기하는 헌법 전문에서 3.1운동과 대한민국임시정부에 관해서 1948년 제헌 헌법에서는 "우리들 대한국민은 기미 3.1운동으로 대한민국을 건립하여 세계에 선포한 위대한 독립정신을 계승하여 이제 민주독립국가를 재건함"이라 명기하고 있고, 1987년 민주화 직후 대통령 직선제 부활과 동시에 이뤄진 개헌 헌법 전문에는 "3.1운동으로 건립된 대한민국 임시정부의 법통을 계승"한다고 명시되어 있다.

1948년 제헌 헌법 전문에는 3.1운동만 언급하고 대한민국 임시정부에 대한 언급이 없다. 이는 단순히 헌법 조문의 문제를 넘어 1948년 제헌 헌법 제정을 전후한 한국 근현대사에 대한 인식, 특히 정부수립을 전후한 미소 냉전체제 고착화라는 국제정세와 관련한 현실인식이 필요한 이유이다.

따라서 둘째 논점인 제헌헌법 제정과 대한민국 정부 수립을 전후한 한국 정치상황은 좌우의 극한대립, 그리고 우익 민족주의 진영의 입장과 노선 대립 등으로 점철되어 갔다는 점에 유념하여 접근해야 한다. 특히 대한민국 임시정부에 대한 입장은 좌익과 우익, 그리고 우익 진영 내에서도 이승만을 중심으로 한 현실주의와 김구를 중심으로 한 이상주의적 경향이 갈려 나갔다.

여운형을 비롯한 좌익은 대한민국 임시정부의 법통성을 전면 부정한다. 여운형은 대한민국 임시정부를 하나의 독립단체로 인정하나, 유일한 합법정부로 인정할 수 없다는 입장이었으며(여운형, 조선주보, 1945년 10월 22일), 박헌영은 조선인민공화국 조직의 입장에서 대한민국 임시정부를 "정치적 투기자들의 집합소"라고까지 격하했다.(여운형, '신조선 건설의 대도', 조선주보, 1945년 10월 22일). 이러한 좌익의 입장은 미소 양국의 냉전이 고착화되던 국제정세, 특히 소련 군정 치하의 북측이 소련 치하의 동구권에 준하는 공산주의 체제 수립을 준비하고 있었다는 점과 긴밀히 관련되어 있다.

김구를 비롯한 우익 임시정부 계열은 대한민국 임시정부는 우리 민족을 대표하는 유일한 조직이며 미국, 소련이 대한민국 임시정부를 인정하였더라면, 민족통일은 속히 실현될 것이라

하며 대한민국 임시정부의 법통성을 끝까지 수호하려 했다.(서울신문, 1948년 8월 13일).

반면 이승만을 중심으로 한 우익 계열은 임시정부 법통문제를 당시에 문제 삼기보다는 정부수립 후에 1919년 출범한 대한민국 임시의정원과 임시정부의 법통승계를 정립하자며 대한민국 입시정부의 법통성을 보류하자는 입장이었다.(이승만, '대한임정 봉대 보류에 관한 성명서', 동아일보 1947년 5월 10일).

서희경 박사는 이러한 광복 직후 미소 좌우, 또 우익 내부의 대한민국 임시정부에 대한 이러한 입장차와 갈등이 냉전으로 인한 분단과 남북 단독정부 수립의 여정에서 골이 깊어진다는 점에 주목하면서 오늘날 '독립'과 '건국'을 달리 해석하고 계승하려는 갈등의 단초로 진단했다.

종합하면 분단으로 치닫는 과정에서 좌익은 대한민국 임시정부의 법통성을 부정하면서 북한 단독 정부 수립으로 나아가려 했고, 이승만을 중심으로 한 우익은 대한민국 임시정부의 법통성을 정부수립 이후로 미루면서 남한 단독정부 수립이라는 현실주의적인 노선으로, 그리고 김구를 중심으로 한 우익은 대한민국 임시정부의 법통성을 기반으로 남북 통일정부 수립의 이상을 견지해 나간 것으로 요약된다.

서희경 박사는 무엇보다 북측의 단독정부 수립 움직임이 통일정부로 가기에는 거스를 수 없을 정도로 치밀하고도 조속히 단행되고 있음에 주목했다. 광복 직후 스탈린 체제의 소련은 동유럽과 같은 정책을 실시하겠다는 원칙을 견지하면서 이에 발맞추어 1945년 12월 17일 김일성은 '혁명적 민주기지론'을 공표하며 건당, 건군, 건국을 추진한다. 이어 1946년 1월 15일 소련은 슈티코프를 비롯한 미소공위 대표단을 서울에 파견함과 동시에 이날 북조선 중앙은행을 설립한다. 곧바로 1946년 2월 8일 북조선임시인민위원회와 인민군 간부양성사관학교인 평양학원을 창설하고, 1946년 3월 5일부터 8일까지 사흘 동안 <토지개혁법령>, <토지개혁실시에 대한 임시조치법>, <토지개혁법령에 관한 세칙> 등을 발표하면서 토지국유화를 단행했다.

1947년 들면서 미소공위가 실패로 돌아가고 미소 냉전이 급속히 고착화되면서 분단은 가시화된다. 미국은 소련 스탈린이 북에 동유럽과 같은 정책 실시하려는 움직임에 맞서 1947년 3월 트루먼 독트린을 발표하면서 공산주의 팽창 저지 정책을 선언한다.

1947년 7월 미소공위 대표로 평양을 방문하고 돌아온 제이콥스는 이른바 '제이콥스 보고서'를 통해 미 국무장관에게 "소련은 이미 북한에 모든 형식을 갖춘 한국인 공산주의 국가 수립을 완료하였다"고 보고하는 동시에, "미소공위가 궁극적으로 모스크바 협정을 이행하는 데 성공하더라도, 남북한을 통합시키기는 어려울 것"이라고 보고하였다.('제이콥스 보고서', 1947년 7월). 한국 문제, 특히 남북한 통일정부 수립에 대한 미소 강대국 사이의 합의가 불가능해진 것이다.

결국 1947년 10월 제2차 미소공위가 실패로 돌아가면서 한반도 문제는 국제 냉전구조의 한 부분으로 고착화되기에 이른다.

서희경 박사는 광복부터 정부 수립까지 한반도를 둘러싼 미소 냉전체제의 차가운 현실인식과 소련과 북의 조기 단독정

정부수립을 둘러싼 김구와 이승만의 입장 차이와 대립은 제헌헌법에서 대한민국 임시정부 승계 여부 명기를 유보하게 되면서 오늘날까지 '건국'과 '독립'에 대한 논란으로 이어지는 출발점이 되었다. 사진은 김구 대한민국 임시정부 주석(왼쪽)과 이승만 전 대통령(오른쪽).

부 수립 움직임들과 조치들, 또 미소공위가 결렬되는 과정 속에서 대한민국 단독 정부 수립은 필연의 과업이었음에 주목했다. 그리고 다시 대한민국 임시정부 법통성의 승계, 즉 대한민국 헌법에 명기하는 문제는 대한민국 임시정부의 상징인 김구가 대한민국 정부 수립을 부정하는 한 명시적으로 정하거나 명기하기는 어려웠을 것으로 진단했다.

대한민국 정체성과 법통성의 요체 '민주공화'의 연원

그렇다면 대한민국 법통성의 요체인 '민주공화'의 정체성은 어디에서부터 비롯되었는가? 바로 셋째 '민주공화'라는 대한민국 정체성의 기원에 관해서다. 서희경 박사는 2012년 펴낸 저서 『대한민국 헌법의 탄생』에서 대한민국 헌법의 핵심원리인 민주공화주의가 어떤 역사를 거쳐 우리 한민족의 정치적 삶에 들어와 뿌리를 내렸는가 하는 문제와, 또 어떻게 군주제에서 민주공화제로 이행해서 '민주국 공화체'를 선포할 수 있었는가 하는 문제에 주목했다.

이러한 관점은 그동안 우리 민주주의의 기원을 서구에서 이식된 것으로 보려는 견해나 3.1운동과 대한민국 임시정부에서 기원한 것으로 보려는 견해를 넘어서 19세기 중반부터 논의가 시작되어 만민공동회와 관민공동회. 헌의육조 등에서 그 기원을 찾고 있다는 점에서 학계의 주목을 받기도 했다.

서희경 박사의 연구에서는 19세기 중반 이후 영국과 프러시아, 일본 등의 입헌군주국, 프랑스와 미국 등의 공화국의 정치 형태가 소개되었고, 조선의 개화파는 군주의 권한을 제한하는 '군신공치(君臣共治)'의 제한군주국을 거쳐 '군민공치(君民共治)'의 입헌군주국을 지향하게 된다. 그리고 그 근거로 '평등에 입각한 국민주권론 소개'(한성순보, 1884년 2월 7일, 제11호), '주권재민(主權在民)의 원리를 조선에 적용하자는 주장'(독립신문 논설, 1897년 3월 9일) 등을 그 근거로 제시했다.

이러한 한성순보와 독립신문에서 보이는 '민주공화'의 영향은 1898년 만민공동회와 헌의6조 등의 가시적이고 구체적인 움직임으로 나아간다.

1898년 만민공동회는 실질적인 정치참여를 통해 백성의 공론을 국정에 반영시키고자 하였고, 국가 공동의 문제는 모든 인민의 의사에 의해 결정된다는 인식을 보여 주고 있다. 이는 과거의 집단상소나 민란과는 상이하며 백성 스스로가 정치적 주체임을 스스로 자각하는 과정으로 나아간다. 이를 대표하는 상징적 사례가 바로 독립협회가 내세운 '11개조 국정대강령' 중, '헌의 6조 공개 결의'다.(독립신문, 제178호, 1898년 11월 1일)

'헌의 6조'는 "왕과 인민이 함께 협의하여 정치를 행한다"는 조목을 명시하여 '군신정치(君臣共治)'에서 '군민정치(君民共治)'로 이행한다는 점을 분명히 하고 있어 '공화주의'의 맹아로 평가된다. 더욱이 '헌의 6조'는 광범위한 대중적 논의와 정치운동 과정을 거쳐 1898년 10월 29일 관민공동회에서 정부대신과 독립협회 회원, 서울 민의 대표 등 3자가 모여 의결한다는 점에서 한국 근대헌법의 뿌리로 볼 수 있다는 시각도 가능해진다.

서희경 박사의 연구 성과는 19세기 중반 이후 '민주공화주의'를 향한 근간 위에 3.1운동과 대한민국 임시정부의 법통성이 제대로 조명될 수 있고 주권재민의 민주주의 전통이 단순한 서구 제도의 이식이라는 타성을 벗어날 수 있다는 점에서 중요하다고 판단되며, '민주공화주의'에 대한 인식은 3.1운동과 대한민국 임시정부를 거쳐 대한민국 정부로 이어진다는 역사인식이 필요하다.

서희경 박사의 결론은 3.1운동은 대한민국 건국사의 시원이며, 대한민국 정체성의 모체라는 점으로 돌아온다. 첫째는 '민주공화주의'의 정신과 이념 위에 신분을 초월한 통합운동이 곧 3.1운동이었고, 위정척사파를 잇는 양반, 동학혁명을 잇는 농민과 민중, 개화파를 잇는 상공인 모두가 신분과 계층을 초월한 민족통합운동이었다는 점을 강조한다. 따라서 민주공화제에 대한 광범위한 범국민적 합의는 1898년 만민공동회 이래

장기간에 걸쳐 형성되었으며, 1919년 대한민국임시정부 헌법에서 공식화된 것으로 요약된다.

서희경 박사의 연구는 오늘날 우리의 '건국'과 역사의 이념과 정치적 현실을 함께 고려하는 양가적 이해(ambivalent understanding)가 필요하다는 제안에 이른다. 즉 "광복과 건국을 함께 살려야 한다"는 명제가 바로 오늘 우리의 과제라는 것이다.

[이상의 서희경 박사의 논의는 "헌법적 쟁점과 대한민국의 국가정체성(1945-1950)" 『한국정치학회보』 제48집 제2호(2014); "이승만, 오늘날 민주주의와 헌법 기틀 닦았다" 뉴데일리(2016.07.20.); "大韓民国の憲法前文と大韓民国の正統性に関する議論", 日本政治思想學会編, 『政治思想研究』 第17号 (2017年5月) 등에서 그 내용을 발췌함]

대한민국 '민주공화'의 정체성, 국민적 합의로 통합해야

민주공화의 대전제 위에 '독립'과 '건국'을 통합해야 한다는 우리 헌정사에 대한 경해는 오늘 우리 현실정치에 세 가지 준엄한 과제를 던져준다는 생각이다.

첫째 과제는 역사가 주는 깨달음을 실천하지 못하는 국민에게 미래는 없다는 명제에 바탕하며, 분열과 갈등의 역사를 통합과 상생으로 재창조해야 한다는 사명에 근거한다. 광복 이후 통합하지 못합 '광복'과 '건국', 또 제헌헌법에서 유보되었던 대한민국 임시정부 승계의 대한민국 법통성 문제는 오늘 3.1운동과 대한민국 임시정부 100주년을 맞으며 반드시 합의와 통합을 거쳐 당당히 승계해야 할 과업이다. 비록 1987년 민주화 직후 대통령 직선제 부활과 동시에 이뤄진 개헌 헌법 전문에는 "3.1운동으로 건립된 대한민국 임시정부의 법통을 계승"한다고 명시하고 있으나 범국민적 합의를 거치지 못했으며 여전히 '건국절 제정'을 둘러싼 갈등과도 같은 대립을 넘어서지 못하고 있다. 이대로라면 우리는 역사가 던져주는 과제를 방기했다는 후대의 비판을 면치 못할 것이다.

둘째 과제는 역사는 몇몇 위정자나 국가지도층에 의한 것이 아니라 수많은 국민 개개인의 기록이자 의미를 회복해야 한다는 명제에 근거한다. 친일 잔재 청산, 종군위안부와 강제징용자에 대한 예우와 보상 등은 상징적이면서도 중요한 과제이면서도 이는 빙산의 일각이라는 소신이다.

서희경 박사가 새로이 제시하고 있는 민주공화의 기원이 19세기 중반 이후 폭넓은 민의의 공감대 속에서 싹터 3.1운동으로 꽃 피웠고 오늘 우리 대한민국의 정체성으로 정립되었다는 견해는 오늘 우리 정치가 단순히 민주공화에 바탕한 3.1운동과 대한민국 임시정부의 법통성을 헌법에만 명시함으로써 역사의 사명을 다했다고는 할 수 없다는 중요한 문제인식을 던져 준다. 국민 모두에게 민주공화의 수혜와 보상이 돌아가도록 정치와 제도, 공공정책을 혁신하고 재정비해야 한다.

셋째 과제는 '독립'과 '건국'을 둘러싼 갈등의 역사가 분단으로 엄존하고 있다는 현실인식에 바탕하여 통일의 미래를 지향해야 한다는 사명에 근거한다. 통일은 더 이상 당위적이거나 구호 차원의 과제가 아니다. 동북아 정세에 기반한 국가 경제의 활로와도 긴밀한 연관을 가지고 있으며, 휴전이라는 준전시 상황이 주는 국가적 부담을 낮춰야 한다는 실용적 차원에서도 중차대한 과제라는 인식이 필요하다.

그 대전제는 대내외적으로 대한민국의 정체성과 법통성 회복이다. 특히 정부 수립 과정에서 통합하지 못한 현실주의 노선의 정부수립과 이상주의 노선의 통일정부 수립의 유업을 통일의 미래로 이어가기 위해서는 우리 대한민국의 정체성이 조선에서 대한제국으로, 그리고 대한민국으로 승계되어 왔다는 범국민적 공감대가 필요하며 이의 핵심이 곧 민주와 공화를 정점으로 한 대한민국 법통성의 합의와 통합을 이루는데 있다는 소신이다.

제헌과 정부수립 70주년, 3.1운동과 임시정부 100주년의 과제

우리는 흔히 3.1운동을 윌슨의 민족자결주의와 연계하여 세계사적 보편성을 가지고 있다고 배워왔다. 그러나 3.1운동은 불과 1개월여의 시차를 가지고 수립된 대한민국 임시의정원과 임시정부와 필연의 관계를 가지며, 3.1운동이 양반과 평민의 구분 없이 범민족적으로 공감대를 이룬 통합과 결집이었다는 점에서 19세기 후반부터 형성되어온 민주공화의 정치적 의의를 아울러 지닌다는 점을 새로이 자각해야 한다.

이렇듯 3.1운동과 대한민국 임시정부가 갖는 민주공화의 의의는 과거 민족주의의 시각에서 한 걸음 나아가 민주공화에 바탕한 근대국가를 지향했다는 의의를 갖는다는 점에서 중요하다. 나아가 1948년 정부 수립은 대한민국 임시정부의 법통성을 승계한 민주공화국의 현실적인 출범이라는 점도 분명해진다. 아울러 조선으로부터 대한제국을 거쳐 우리 스스로 민주공화체인 대한민국을 건국하게 되었다는 국가승계의 문제도 재정립해야 한다.

오는 2018년은 제헌과 정부수립 70주년이고 이듬해인 2019년은 3.1운동과 대한민국 임시정부 수립 100주년이다. 이제 우리도 해묵은 논란을 넘어서 '독립'과 '건국'을 함께 살리며 계승할 시점이다.

그렇다면 어떻게 해야 하는가? 가장 중요한 것은 범국민적 캠페인을 통한 합의라는 소신이다. 학계에서 공론을 선도할 수 있도록 앞장서는 것이 바람직하고, 국회와 정부에서 예산과 제도적 지원으로 뒷받침하면서 국민적 캠페인을 확산시켜야 한다. 3.1운동과 대한민국 임시정부 수립이 별개가 아니라 민주공화를 향한 대한민국의 과도적 여정이었으며 제2차 세계대전 이후 식민지에서 독립한 국가들 중 민주공화국을 지향한 모델로 세계사적 보편성을 가진다는 의미를 재정립하면서 국제적으로도 널리 알려야 한다.

최근 강경선 교수(방송통신대/헌법학)가 제안한 헌법과 건국을 통합한 바람직한 모델로서 인도의 사례는 귀 기울일 만하다. 강경선 교수는 허핑턴포스트의 국민의제(Korean Agenda) 기고를 통해 그 모델로 인도의 독립과 건국 사례를 제시하고 있다.

인도는 수백 년 동안 영국의 식민지였다가 2차 세계대전 종전 2년 뒤인 1947년 8월 15일 독립했다. 독립이 늦어진 것은 인도와 파키스탄 분리라는 국내정치 현안이 얽혔기 때문이다. 냉전과 같은 외세의 영향은 아니나 우리의 분단과 유사한 상황이었다. 인도의 국민회의는 독립이 임박한 시점인 1946년 헌법제정회의를 구성하고, 그 후 3년 동안 헌법제정회의를 운영한 끝에 1949년 11월 말에서야 제정회의에서 헌법을 통과시킨다.

그리고 2개월여가 지난 1950년 1월 26일 전 국민이 헌법을 채택하는 기념식을 통해서 헌법을 공포하였고, '공화국의 날(Republic Day)'로 정하여 지금도 가장 큰 국경일로 기리고 있다. 그런데 이 날은 일찍이 1930년 식민지 치하에서 독립운동단체였던 국민회의 스스로가 선포했던 '완전독립의 날

인도는 1930년 식민지 치하에서 독립운동단체였던 국민회의 스스로가 선포했던 '완전독립의 날(Purana Swaraji Day)'과 1947년 독립기념일인 8월 15일, 그리고 1950년 1월 26일 헌법 선포일을 통합, '공화국의 날(Republic Day)'로 정하여 지금도 가장 큰 국경일로 기리고 있다. 사진은 인도 '공화국의 날' 기념 앰블럼.

(Purana Swaraji Day)'을 기념한 날이기도 했다.

인도의 '완전독립의 날'은 우리 3.1운동과도 같은 선언적인 날이며 이 날을 기다려 헌법과 건국을 하나로 통합하여 기리며 계승한 사례라 할 수 있다. 우리나라로 말하자면 헌법 공포일을 자주독립 선언일이었던 3월 1일로 잡아 국민의 헌법으로 승화시키는 절차를 거친 것이라 할 수 있다.

'민주'의 국민적 합의와 '공화'의 초당적 협력으로

이제 우리도 해묵은 건국 논란을 넘어서 광복과 건국을 함께 살리며 계승할 시점이다. 더욱이 새 정부는 오는 2018년 지방선거와 함께 개헌을 국민투표에 부치기로 공약했다.

150여년 전부터 싹터온 민주와 공화의 전통, 100년 전 꽃피운 자주독립의 3.1운동과 민주공화의 대한민국 임시정부, 그리고 70년 전 냉전과 분단의 엄중한 현실 속에서 대한민국 정부수립. 이 지난한 역사의 여정을 이제 합의와 통합의 지혜로 결실을 맺어야 한다. 대전제는 통일을 향한 민주공화의 대한민국이다.

이제 관건은 국민적 합의이다. 국민주권에 바탕한 '민주'의 의의에 걸맞는 공론의 장을 만들고 이견을 모아 현실과 이상을 통합하면서 합의를 이뤄내야 한다. 어차피 2018년 개헌을 향한 국민투표를 향한 공론의 형성과 국민적 합의가 필요하다. 따라서 그 첫 공론과 합의로 개헌 헌법 첫 화두여야 할 대한민국 '건국'과 '독립'의 통합을 의제로 한 합의를 첫 순서에 놓기를 제안한다.

한 가지 잊지 말아야 할 전제는 범국민적인 캠페인과 합의, 그리고 여야의 초당적 협력이다. 1919년 3.1운동은 계층과 정파를 초월하여 '자주독립'의 기치 아래 화합하고 단결하여 '민주공화'의 씨앗을 배태하였으나 대한민국 임시의정원과 임시정부의 '민주공화'는 일제강점기의 한계로 인해 선언에 그쳤다. 광복 이후 대한민국 임시정부 승계는 정부수립의 현실과 통일정부를 향한 이상의 갈등 속에서 3.1운동만을 명기하는 반쪽 건국의 불씨를 남기고 말았다. 1987년 민주화운동 이후 개헌 헌법은 대한민국 임시정부 승계를 명기하였으나 국민적 합의를 거치지 못해 오늘날 '건국절 논란'과도 같은 분쟁의 불씨를 해소하지 못했다.

다가오는 2019년 3.1운동과 대한민국 임시정부 100주년은 국민적 합의와 여야의 초당적 협력 속에서 '건국'과 '독립'을 통합하여 진정 통일 대한민국을 향한 법통성과 국민적 공감대를 이뤄내는 새로운 대한민국의 전기를 마련해야 하리라는 다짐이다.

서희경 박사는 이화여대와 서울대에서 정치학을 전공하고 연세대·서강대 연구교수 등을 거쳐 현재 서울대학교 한국정치연구소에서로 일하고 있다. 주요 연구 분야는 '한국헌정사', '대한민국의 정체성' 등이며 한국 근현대 정치사와 정치사상 분야를 일본, 미국 등의 자료와 종합하며 연구하기도 했다.

특히 2012년 펴낸 『대한민국 헌법의 탄생』은 오늘 우리 대한민국의 정체성인 민주공화에 바탕한 한국 헌정사의 연원을 만민공동회까지 끌어올렸다는 학계의 평가를 받았으며, 최근까지 계속되는 건국 논란과 관련하여 대한민국 임시정부의 이상과 정부 수립의 현실을 통합하여 계승해야 한다는 논점으로 언론과 학계의 주목을 받고 있다.

'그리운 대한민국', 그 꿈과 오늘 우리의 소명

늘 가슴에 소중히 간직하여 우러르곤 하는 '대한민국' 넉 자. 떠올려 되새길 때마다 가슴 설레고 두근거리는 이 단어를 간직하고 그리워했을 모든 분들을 그려보곤 한다. 조선에서 대한제국으로 이어온 우리 역사에 대한민국이란 국호를 처음 사용한 때가 1919년 상해 임시정부였으니 이제 두 해만 있으면 100년을 기리게 된다.

가장 먼저 떠오르는 분들이 일제강점기의 우국지사들이다. 어찌 우국지사들뿐이었으랴. 나라가 없어 설움 당해야 했던 수많은 국민들의 가슴에도 머나먼 중국 땅에 있다는 대한민국 임시정부는 태극기와 함께 그리운 대상이었으리라. 강제로 끌려가 젊음을 송두리째 빼앗긴 종군위안부 분들과 강제징용자 분들, 가까이는 우리 할아버님, 할머님 세대였고 아직도 맺힌 원한으로 고통 속에 생존해 계신 분들도 있다.

국민의 권리를 위임 받은 정치인의 한 사람으로서 국가 승계에 관한 '간도 협약 무효화 선언' 입법 발의로 의정활동 첫

발을 내디뎠고 강제징용과 종군위안부 명예 회복과 보상, 관련 일본기업에 대한 제재 등을 부단한 의정활동의 줄기로 삼아오고 있다.

우리 국민들이 가장 애송하는 윤동주의 서시 또한 그 언젠가 찬연하게 밝아올 대한민국을 그리며 원고지 한 칸 한 칸을 채워 가지 않았을까 그려 본다.

죽는 날까지 하늘을 우러러
한 점 부끄럼이 없기를,
잎새에 이는 바람에도
나는 괴로워했다.
별을 노래하는 마음으로
모든 죽어 가는 것을 사랑해야지
그리고 나한테 주어진 길을 걸어가야겠다.

오늘 밤에도 별이 바람에 스치운다.

- 윤동주 시인, '서시(序詩)' 전문.

1917년생인 윤동주 시인이 1941년 11월 20일 썼다고 기록하고 있으니 그의 나이 스물 넷 푸르른 청년이었으리라. 3.1운동이 일어나고 대한민국 임시정부가 출범한 20년대를 전후해 식민지 조국에서 태어난 세대는 어쩌면 '대한민국'을 가슴에 담아 그리며 살아온 첫 세대라 해도 지나치지 않을 듯하다.

'대한민국'이라는 넉 자와 더불어 윤동주 시인의 '서시'를 떠올리는 이유는 오늘 우리가 과연 우리 선대에 꿈꾸었던 대한민국의 모습을 바람직하게 이어가고 있는가 하는 성찰의 거울이 된다는 생각 때문이다.

최근 바로 이 세대에 주목하여 근현대사 속 대한민국의 모습을 정리해 발간한 책을 만날 수 있어 소중한 배움과 깨달음의 계기가 되었다. 김건우 교수(대전대, 국문학)의 '학병세대와 한국 우익의 기원'이란 부제를 단『대한민국의 설계자들』이다.

2016년 대한민국을 뒤흔든 '국정농단'과 '촛불'에 이은 대통령 선거로 새 정부가 들어섰다. 오늘 우리는 3.1운동과 대한민국 임시정부로 출발한 대한민국 100년을 불과 두 해 앞두고 있고, 과연 우리가 어떤 대한민국을 가꾸어왔고 또 앞으로 어떤 미래를 설계해가야 하는가 하는 중차대한 과제에 직면하고 있다.

평소 오늘 우리 대한민국의 참모습은 위정자나 사회 지도층 어느 개개인의 힘으로 이루어진 것이 아니라는 생각을 해왔으나 이 책에서는 구체적으로 우리 대한민국을 설계하고 바람직한 모습을 꿈꾸었던 근현대사 속의 인물들에 대해 정리하고 있다.

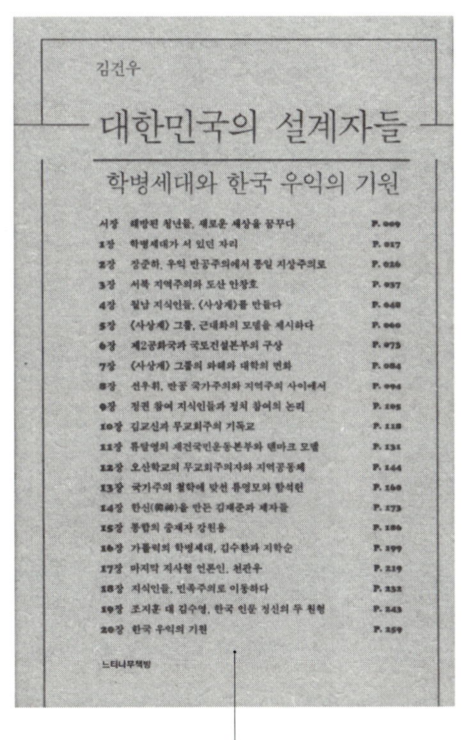

『대한민국의 설계자들』(김건우 저, 느티나무책방, 2017년 3월)은 친일에서 비교적 자유로울 수 있는 이른바 '학병세대', 즉 3.1운동과 대한민국 임시정부가 출범했던 1920년대 전후 출생으로 일제가 중일전쟁과 태평양 전쟁을 일으키며 제2차 세계대전으로 치닫던 1940년을 전후해 학병으로 징집되었던 지식인 엘리트 세대에 주목하여 그들이 그렸던 6.25 직후 대한민국의 청사진에 주목하고 있다.

'친일'로부터 자유로웠던 지식인 그룹 '학병세대'의 새로운 조명

오늘 우리 정치사는 우리 대한민국이 고도의 경제성장을 이룬 이른바 '조국근대화'의 공과와 평가를 놓고 민주화와 경제성장의 이분법적 시각을 가져왔다. 또한 그 연장선상에서 보수와 진보라는 정치적 이념의 연원을 가름해왔다. 그러나『대한민국의 설계자들』은 이러한 기존의 정치지형과 역사인식에 새로운 문제제기를 던져 준다.

『대한민국의 설계자들』은 '학병 세대가 서 있던 자리'라는 제하에 70여년 전 해방 직후 시점에서 "새로운 나라를 건설할 자격이 누구에게 주어졌을까"라는 질문으로 시작한다. 식민통치라는 기존 체제가 무너지고 완전히 새로운 나라를 세워야 하는 과업 앞에서 1917년부터 1923년 12월 사이에 태어나 일본군 학병 징집 대상이었으며, 제국 최고의 교육을 받았으나 친일에 관여하기에는 너무 젊었던 세대, 바로 '학병세대'가 주목 받기에 이른다. 조선 학생들을 전선(戰線)으로 내몰았던 학병제, 즉 이른바 '반도인 학도 특별 지원병제'는 1943년 10월. 만 20세 이상이 징병 대상이었기 때문이며, 1944년 당시 고등교육을 받는 조선인 학생이 약 7,200여명에 불과했으니 '학병세대'는 당시로서는 최고 인재들이었다.

특히 주목할 대목은 학병에 징집되었으나 탈출하여 광복군에 몸을 담았고 대한민국 임시정부의 적자로서 자격을 갖춘 김준엽과 장준하 두 상징적인 인물을 통해 '학병세대'의 새로운 나라 건설 구상의 단면을 보여주는 대목이다. 김준엽은 자신의 기록에서 '건국사업', 즉 정치뿐 아니라 경제, 문화, 사회, 군사에 걸친 제반사업'이라 진술하고 있다. 외부에서도 이들이 대한민국 임시정부의 적자로서 정당성을 갖춘 지식인 엘리트인 동시에 광복군의 일원으로서 미국 OSS(미 전략정보기관, CIA의 전신) 훈련까지 받았다는 점은 광복 직후 좌우 갈등과 정부 수립의 혼란기를 거치면서 새로운 나라를 세우는 주역으로 주목받게 된다.(김건우, 『대한민국의 설계자들』, 17~25쪽)

그러나 불행히도 이러한 학병세대가 광복 직후 정치를 비롯한 정부수립 전면에 나서기에는 시기상조였고 친일 잔재조차 제대로 청산하지 못한 채 6.25를 맞게 된다. 그리고 좌우 대립과 우익 민족진영의 갈등이 점철되는 과정에서 해방기는 남북한 단독정부 수립으로 이어지고 6.25 전쟁의 비극적인 시기를 거쳐 국가체제와 진영의 재편이 끝난 1950년대 초중반이 되어서야 전후의 폐허와 상흔 위에 본격적인 국가건설이 시작된다. 그리고 고등교육을 받은 30대 청장년들이 윗세대에게 더 이상 의존하지 않고 국가건설의 주역으로 나서고자 한다.(김건우, 앞의 책, 13쪽) 이들의 정점에는 '학병세대'가 주도적 역할을 맡아 나섰음은 물론이다.

『대한민국의 설계자들』에서 '학병세대'에 주목하는 배경에 십분 공감하게 되는 이유는 1960년대 이후 대한민국 정치사에서 20여년 동안 국가주의 아래 경제성장을 주도하는 박정희 전 대통령, 그리고 동시대에 민주주의의 가치를 지향하면서 이후 지체된 민주화를 주도하는 김대중 전 대통령과 동세대이면서 오늘날 되새길 역사적 교훈을 시사하고 있다는 점이다.

'학병세대'는 1960년대 이후 대한민국 정치사에서 20여년 동안 국가주의 아래 경제성장을 주도하는 박정희 전 대통령(왼쪽)과 그리고 동시대에 민주주의의 가치를 지향하면서 이후 지체된 민주화를 주도하는 김대중 전 대통령(오른쪽)과 동세대라는 점에서도 대한민국에 미친 영향에 주목할 필요가 있다.

그것은 평단의 평가대로 오늘 우리 대한민국의 보수정치가 수호해야 할 가치는 '박정희식(式) 국가주의'나 친일 집권 세력의 뒤를 이은 우익의 '좌우 대립 구도'라기보다는 당대에 친일로부터 비교적 자유로운 '학병세대'가 꿈꾸고 그렸던 통일을 향한 민주 대한민국이 아닐까 추론하게 된다.(신동아, '서가에 들어온 한 권의 책', 2017년 6월호)

'산업화와 민주화는 분리된 구상이 아니었다'

『대한민국의 설계자들』을 읽으면서 오늘 우리 대한민국의 정체성과 관련해 제기하는 새로운 의제를 네 가지 관점에서 정리해보았다.

첫째는 오늘 우리 대한민국을 논할 때 산업화와 민주화의 두 갈래로 나누어 보려는 지배적인 경향과 이를 다시 보수와 진보로 양립시키려는 견해에 대한 반론이다. 『대한민국의 설계자들』은 '학병세대'는 제2공화국에 참여해 5·16 군사정부 경제개발계획의 기초를 다졌으며 1960년대 중반 이후 박정희 정권의 독재에 맞선 민주주의자들이었음을 당시의 사료들을 근거로 증명한다.

둘째는 광복과 6.25를 전후해 월남한 엘리트, 지식인들과 기독교 세력이 국가 건설에 끼친 영향에 대한 주목이다.

일제강점기 항일 투쟁노선에 있어 오랜 좌우익의 오랜 대립과 갈등은 광복 직후 미소 냉전이 고착화되는 과정과 맞물려 국가 수립에 대한 극단적인 대립으로 이어졌고 결국 끝내 분단과 6.25라는 한반도의 비극을 초래했다.

『대한민국의 설계자들』에서는 이러한 분단이 6.25를 거치는 과정에서 당시 한국 사회를 주도할 잠재력을 가진 지식인 계층의 이동과 재편에 주목한다. 당시 좌익은 물론 수많은 중도파 지식인이 북으로 넘어갔고, 평안도와 황해도의 우익 기독교인들과 지주, 상공인들이 대거 월남했다. 동만주를 중심으로 한 간도와 함경도의 우익 민족주의자들도 남쪽으로 내려왔다.

이들 대부분은 일제시기 평양을 근거지로 하고 있던 도산 안창호의 실력양성론에 사상적으로 이어져 있었다는 점에 주목했다. 일제강점기 독립의 구상이 교육과 계몽을 통해 민족의 힘을 기름으로써 가능하리라는 신념과 실천은 정부수립 이후 새로운 나라 건설을 지향하는 청사진에도 반영되었다.(김건우, 앞의 책 14~15쪽)

『대한민국의 설계자들』은 학병세대와 교류하고 공감을 나누면서 경제발전, 교육과 국민운동 등 사회 전반에서 새로운 대한민국을 추구했던 인물들, 즉 학자·언론인 계열의 장준하, 김준엽, 지명관, 서영훈, 선우휘, 김성한, 양호민, 또 종교인 김수환, 지학순, 문인 조지훈, 김수영 등에 주목한다.

『대한민국의 설계자들』은 그간 통상적으로 산업화와 민주화라는 이분법적 시각을 벗어나 1960년대부터 70년대에 이르는 이른바 산업화와 고도성장 시대의 정부정책을 주도한 이들이나 민주화 진영에서 독재에 저항한 이들 모두 이념적으로 우익이라는 하나의 뿌리에서 나왔다는 점을 새롭게 조명하고 있다. 특히 학병세대와 교류하고 공감을 나누면서 경제발전, 교육과 국민운동 등 사회 전반에서 새로운 대한민국을 추구했던 인물들, 즉 학자·언론인 계열의 장준하, 김준엽, 지명관, 서영훈, 선우휘, 김성한, 양호민, 또 종교인 김수환, 지학순, 문인 조지훈, 김수영 등에 주목한다.

정치 경제 사회 문화를 포괄하는 폭 넓은 근대화 청사진

셋째 이들 학병세대와 월남한 우익 엘리트들이 구상한 대한민국의 청사진이다. 『대한민국의 설계자들』에서는 『사상계』를 중심으로 한 이들의 '대한민국 설계'에 주목한다.

『사상계』의 편집방향은 '민족의 통일', '민주사상', '경제발전', '새로운 문화 창조', '민족적 자존심' 등 5가지를 요체로 정해졌다. '민족 통일'과 '민족적 자존심'은 분단 극복과 식민잔재 청산의 과제를, 나머지 세 항목은 『사상계』의 목표와 지향이 한국사회의 총체적 근대화에 있음을 의미한다. 정치적 근대화에 해당하는 것이 민주화라면, 경제적 근대화는 경제발전, 즉 산업화를 의미했으며, 문화적 근대화는 새 문화 창조로 구체화되었다. 근대화의 개념을 정치 경제 사회 문화를 포괄하는 넓은 의미로 설정했던 것이다.

『대한민국의 설계자들』은 지명관의 2012년 인터뷰를 근거로 이들의 총체적인 근대화 구상에서 빗겨가려는 박정희 정권에 대해 "근대화의 바른 길을 가지고 있지 못하다. 저건 저러다가 파탄되는 정부다"라며 저항노선을 선택했다는 점을 강조하고 있다.(김건우, 앞의 책, 65~67쪽)

이들의 구상은 경제성장에 집중하고자 했던 박정희 식 '조국근대화'와 결정적인 차이를 가지며, 나아가 오늘 산업화와 민주화를 분립시켜 진보와 보수 대립으로 이어지고 있는 정치 현실에 경종을 울린다.

넷째 60년대 중반 이들 학병세대와 월남 엘리트를 중심으로 한 지식인 계층은 현실참여와 비판적 저항의 분화를 보인다는 점이다. 『대한민국의 설계자들』에서는 특히 5.16군정과 제3공화국 이후 '근대화'가 현실로 이루어지고 있을 때, 이를 지켜보던 지식인들 사이에서 '한국적 근대화의 상'에 대해 서로 다른 생각들이 쏟아지기 시작했다는 점에 주목한다. 한국 근대화의 내용이 산업화와 경제 발전을 의미하는가, 정치 민주화와 문화 선진화를 포괄하는 것이어야 하는가로 입장이 갈라진 것은 1960년대 중반이었고, 특히 당초 『사상계』의 구상과는 달리 박정희 대통령의 공화당 정권의 근대화 정책이 경제발전 위주로 진행되면서 불거진 것이었다고 분석한다.

공화당 정권의 산업화 드라이브는 지식인들을 선택의 상황에 놓이게 만들었고, 정권에 '참여'할 것인지, 그렇지 않으면 정책 방향에 대해 '비판과 대항'을 할 것인지에 따라 실제로 지식인 사회에서도 분화가 일어났다.

따라서 『대한민국의 설계자들』에서는 5.16 군정은 군인들의 정치이지만 동시에 대학교수들의 정치이기도 했다는 점을 새로 조명하면서 대학교수가 행정부와 입법부에 들어가 정치에 참여하는 '전통'이 생긴 것이 5.16 군정과 공화당 정권부터

였다고 정리하고 있다.(김건우, 앞의 책, 105~106쪽) 이러한 시각은 앞서 학병세대와 월남엘리트, 또는 이들 주변의 인맥들이 산업화 중심의 근대화에 일정 부분 기여하였다는 추론으로도 이어진다.

"산업화 세력과 민주화 세력은 한 뿌리에서 나온 가지"

여기서 오늘 우리 정치를 새로 진단하는 열쇠로 한국정치와 사회의 보수는 1960년대부터 70년대에 이르는 이른바 산업화와 고도성장 시대의 정부정책을 주도한 이들이나 민주화 진영에서 독재에 저항한 이들 모두 이념적으로 우익이라는 하나의 뿌리에서 나왔다는 점을 새삼 확인할 수 있게 한다. 즉 민주화는 진보, 경제성장은 보수의 전유물이라는 이항대립의 역사인식, 그리고 이러한 착시에 바탕한 현실인식에 경종을 울린다는 점에서 더욱 주목하게 된다.

역사는 오늘을 성찰하게 해주기도 하지만 역사를 바라보고 해석하는 시각은 오늘 우리가 직면한 문제를 푸는 열쇠가 되기도 하고 미래를 향하는 나침반이 되어주기도 한다. 『대한민국의 설계자들』의 핵심 의제 중 하나인 "산업화를 주도했던 세력과 민주화를 주도했던 세력은 우익이라는 하나의 뿌리에서 나왔다"는 명제는 오늘 우리 정치를 중심으로 한 사회 전반의 대립과 갈등이 사이비 갈등이며, 따라서 통합이 가능하다는 추론으로 나아갈 수 있다는 점에서 주목해야 한다는 소신이다.

이러한 우익, 즉 건강한 보수세력의 역사에 대한 성찰과 통합을 전제로 우리 정치권이 환골탈태의 소명으로 앞장서야 할 세 가지 시사점을 정리하면서 깊이 새기게 된다.

첫째 사이비 좌우 대립, 또는 사이비 보수와 진보 갈등을 이젠 극복해야 한다는 점이다. 『대한민국의 설계자들』의 부제가 '한국 보수의 기원'이 아니고 '한국 우익의 기원'이라 붙이게 된 이유를 곰곰이 되새겼다. 그리고 오늘 진보는 '좌익시'하고 보수는 '우익시'하는 우리 정치 풍토, 또한 진보는 '민주화', 보수는 '경제성장'이라는 등식에 대해서도 깊이 성찰했다.

그리고 이러한 편가름과 대립이 우리가 아직 냉전체제에 형성된 사이비 정치이념의 그릇된 유산이라는 결론을 새삼 확인하게 된다. 사이비 이념화된 이유는 바로 정치이념을 정책의 근거로 삼았던 것이 아니라 권력유지 수단, 또는 정략의 수단으로 삼았기 때문이라는 추론에 이르게 된다. 돌이켜 보면 친일잔재 청산에 실패하고 친일 세력이 대거 집권세력으로 편입된 이승만 정권에서 좌우의 이념은 국가 정체성과 외교안보 정책의 근간을 넘어서 정적을 공격하거나 권력 유지의 수단으로 악용되었다는 점을 확인할 수 있다.

그 비극적인 발단은 반민족행위특별조사위원회 해체 과정에서부터 극명하게 드러난다. 1948년 8월 정부 수립 직후 헌법 제101조에 의거, 국회에 반민족행위처벌법기초특별위원회가 구성되어 9월 반민족행위처벌법을 통과시켰고 10월 12일 특위 구성을 완료했다. 이어 11월 25일 국회 제113차 본회의

친일세력이 대거 집권세력으로 편입된 이승만 정권에서 좌우의 이념은 국가 정체성과 외교안보 정책의 근간을 넘어 정적을 공격하거나 권력유지 수단으로 악용되는데 대표적인 사례가 반민특위 와해다. 사진은 반민특위를 와해시킨 '국회프락치 사건'을 다룬 책(왼쪽)과 반민특위 와해의 안타까움을 소재로 한 영화 '암살' 포스터(오른쪽).

에서 특위 활동을 지원하기 위하여 '반민족행위특별조사기관 조직법안', '반민족행위특별재판부 부속기관 조직법안', '반민법 중 개정법률안'을 통과시켰고, 이를 근거로 국회에서 특별재판부 재판관과 검사관, 반민특위 도(道)조사부 책임자 등을 선출, 활동을 시작한다.

그러나 친일 경찰간부들의 반민특위 관계자 암살 기도, 반민특위가 삼권분립의 원칙에 위반되는 동시에 안보상황이 위급한 때 경찰을 동요시켜서는 안된다는 이승만의 담화를 통한 견제, 그리고 궁극적으로는 국회프락치 사건과 6·6경찰의 특위 습격사건 등의 과정을 겪으면서 와해된다. 특히 국회 프락치사건은 친일파 척결의 주도세력이었던 소장파 의원들을 좌익 간첩혐의로 체포함으로써 반민특위를 위축시키는 결정적 계기가 되었고, 특위 산하 특경대에 대한 경찰의 습격은 반민특위의 폐기법안을 통과시키게 함으로써 결국 민족반역자에 대한 처벌은 불가능하게 만들고 만다.

반민족행위처벌법기초특별위원회 해체 과정에서 냉전치하의 이념을 수단으로 악용하면서 우리 공공부문과 정치분야에서는 친일잔재 세력이 마치 보수우익인 것처럼 둔갑하고 좌익과 우익, 정치적 보수와 진보는 친일잔재세력 주도의 권력 유지에 악용되는 불행한 사태를 초래한다.

이후 박정희와 공화당 정권에서도 인혁당 사건, 민청학련 사건, 남민전 사건 등을 비롯, 민주화 세력을 간첩, 또는 '좌익 용공'으로 몰아 권력 유지에 악용하였거나 전두환 정권이 집권을 위해 광주민주화운동을 북한과 연관시켜 불순세력의 책동으로 몰아 악용했던 사례들은 우리 우익과 보수의 전통과 정체성을 왜곡시키는 불행한 결과를 부르면서 오늘에 이르렀다.

이제 정치적 이념은 이러한 권력 유지의 도구로 수단화되어선 안된다. 정치이념은 건강한 정책대결의 근거가 되어야 하며 탄압이나 정략에 악용되어선 안된다. 나아가 대립과 갈등의 구태를 벗어나 국민을 향한 선의의 정책경쟁의 근간이 되어야 한다.

'사이비 보혁 갈등' 넘어서는 국민정신과 국민운동의 필요성

둘째 갈등 극복의 방법론이라 할 수 있는 국민정신, 그리고 국민운동의 필요성이다. 우리는 새마을운동이 산업화를 주축으로 조국근대화를 추동하는 국민적 결집의 계기였다는 긍정적 평가를 해왔다. 하지만 밑으부터의 자발성보다는 위로부터, 관으로부터 강제된 하향식 국민운동이라는 한계를 갖는다.

『대한민국의 설계자들』에서 주목하고 있는 류달영의 재건국민운동본부를 새롭게 새기게 되는 이유가 바로 밑으로부터의 국민운동을 꿈꾸었다는 점 때문이다. 학창시절부터 농민운동의 꿈을 품은 류달영의 재건국민운동본부는 덴마크식 밑으로부터의 국민운동 모델이었다. 류달영은 처음엔 5.16 군사정부의 제안에 재건국민운동을 기획하여 주도적으로 참여하지만 획일적인 국가주의에 경도된 계열과 갈등을 겪으면서 1964년 재건국민운동법이 폐기되고 운동본부도 해체된다.(김건우, 앞의 책 138~139쪽)

박정희와 공화당 정권은 장준하의 산업화와 민주화가 통합된 근대화를 산업화 일변도로 변질시켰을 뿐만 아니라 류달영의 밑으로부터의 농민운동을 통해 건강한 공동체를 회복하면서 양적인 경제성장 뿐만 아니라 정신적인 면에서나 질적인 측면에서 자율에 바탕한 공동체 회복의 국민운동의 모태도 관제적이고 하향식의 새마을 운동으로 변질시켰던 것이다.

오늘 우리에게는 60년대부터 이어져온 새마을운동본부나 80년대 신군부에 의해 시작된 바르게살기운동본부, 또 더 오래전부터 냉전체제의 유산으로 계승되어온 자유총연맹 등의 공동체가 존재한다. 하지만 여전히 시민들의 자발적 참여와 구성과는 거리가 먼 말 그대로 관변단체에 머물러 있다.

앞서 제시한 사이비 대립과 갈등을 극복하는 방법으로써 현재 대한민국 사회에 걸맞는 국민정신의 창달과 밑으로부터의 참여를 통한 사회변화는 오늘 우리 앞에 놓인 또 하나의 중요한 과제라는 소식이다.

지난 겨울 우리는 헌정 사상 초유의 '촛불'과 '탄핵'을 통해 국민의 결집된 저력을 확인할 수 있었다. '국정농단' 사태가 일단락되었더라도 건강한 시민의 참여 속에서 공론의 장, 합의의 장이 지속적으로 열리길 바라는 마음이고 정치권이 함께 하면서 대의민주주의의 한계를 보완해 나아가야 한다는 소신이다.

밑으로부터의 건강한 공론과 합의로 지향해야 할 '제3의 대한민국'

셋째 사이비 갈등의 극복과 밑으로부터의 건강한 공론과 합의의 장으로 지향해야 할 '제3의 대한민국'이다. '제3의 길(The Third Way)'은 흔히 영국의 사회학자 앤서니 기든스가 자본주의와 사회주의의 한계를 극복하는 새로운 이념 모델로 제시했고, 현실정치에서는 토니 블레어가 총선에서 실행한 것으로 알려졌다. 하지만 90년대 중반 클린턴이 민주 공화의 전통적 정책에서 벗어나 다원적인 국민요구에 부응하려 했던 '국민 우선(People first)'도 넓은 의미의 '제3의 길'의 한 흐름으로 볼 수 있다. 정적(政敵)이었으면서도 정권 교체기에 슈뢰더의 개혁을 승계한 메르켈 총리의 노선도 극단적인 양당의 대립을 극복한 '제3의 길'의 한 흐름으로 보아야 한다.

지금까지 우리가 나누어 보아왔던 민주화와 산업화의 설계와 구상이 본래 하나였고, 이를 추진했던 세력의 뿌리 또한 하나였다는 점에 주목한다면 우리 대한민국의 정치를 비롯한 사회 전반의 패러다임도 다원적인 국민의 요구와 갈등을 공론화하여 합의로 이끌어가는 방향으로 전환해야 한다. 그 '제3의 대한민국' 여정에 정치권이 철저한 자기성찰과 더불어 앞장서야 함은 물론이다.

3.1운동과 대한민국 임시정부 100년을 향해 '건국'과 '독립'을 통합하는 과제도, 2018년 지방선거와 동시에 국민투표로 결정될 개헌의 방향과 세부 내용도, 모두 공론과 합의를 통해 소외될 수 있는 소수 국민의 권리까지도 수렴하여 보장할 수 있는 방향, 즉 정당의 당략을 버리고 국민의 정책적 요구에 우선하는 '제3의 대한민국'이 절실하다는 소신이다.

『대한민국의 설계자들』에서 주목하는 『사상계』의 5대 편집 원칙을 다시 새기는 이유다. '민족의 통일, 민주 사상, 경제 발전, 새로운 문화 창조, 민족적 자존심'. 이 다섯 가지 원칙은 오늘 우리 대한민국에서도 여전히 우리의 막중한 사명이자 현재 진행형이 아닌가 되새기게 되는 것이다.

우리가 '대한민국의 설계자들'이 애타게 그리워하며 땀흘리며 분투했던 대한민국의 미래에 우리는 과연 얼마나 가까이

다가서고 있는가? 방향은 올바르며 방법은 국민 모두가 공감할 수 있는가? 비록 많은 분들이 우리 곁을 떠나셨지만 우리는 끊임 없이 그 분들께 물으며 전진해야 할 것이다.

‘밑으로부터의 합의’, 그리고 국민통합 대한민국의 내일

오늘 우리 대한민국은 총체적 난국에 직면해 있음을 절감한다. 북핵이나 미국, 중국, 일본과의 외교 안보 현안, 경제와 사회의 양극화, 이미 닥쳐온 저출산 고령화 시대의 먹구름 등과 같은 문제가 심각함은 물론이다. 하지만 더 근본적인 문제는 우리 내부에 있다.

당면한 국가적인 난제들을 해결하기 위해서 가장 중요하면서도 필요한 힘은 ‘국민통합’이라는 대전제이다. 그러나 수많은 정치지도자와 정권이 ‘국민 통합’을 약속하고도 아직 그 길은 멀어만 보인다. 왜일까? 진정한 국민 통합은 ‘밑으로부터의 합의’의 첫걸음에서부터 시작되어야 한다. 밑으로부터의 ‘민주주의’의 진전이 있어야만 그 바탕 위에 ‘국민 합의’를 존중하는 ‘공화주의’, 즉 진정한 ‘협치’가 가능하지 않나 새기게 된다.

더구나 오늘 우리는 개헌을 비롯 국가의 패러다임을 새로 정립해야 하는 절체절명의 전환기를 맞고 있다. 우선 개헌을 예로 들어 보자. 노무현 정부부터 논의가 시작된 개헌은 2012

대선에서 여야 후보 모두의 공약으로 제시되었으나 큰 진전을 보이질 못했다. 2017년 조기 대선에서 문재인 대통령은 2018 지방선거에서 개헌을 국민투표에 부친다고 공약했으니 이제 더 이상 미룰 수 없는 목전의 과제이다.

국민이 참여하는 밑으로부터 국민합의의 필요성

국민적 여망이자 국가적 과제인 개헌은 6월 민주화 운동으로 이룬 이른바 87년 개헌 체제, 즉 '87레짐'에서 한 걸음 나아감을 의미한다. 아쉽게도 87년 개헌을 비롯한 법제도의 전환은 국민적 합의를 이루질 못했었다. 때문에 헌법 전문에 명시는 했으나 대한민국 임시정부의 승계를 비롯한 역사적 정통성부터 아직 논란 중이다. 더하여 지난 20년 동안 이룬 지방자치와 분권, 복지의 확대와 다원화된 우리 사회의 다양한 요구들을 새로이 담아내야 하는 숙제 앞에 서있다. 나아가 통일에 대비한 비전과 국민들의 높아진 정치 참여의 요구를 반영해야 하는 과제도 있다.

흔히 4년 중임의 대통령제냐, 이원집정부제냐, 또는 내각제냐 하는 권력구조의 개편을 개헌의 화두로 여기는 경향이 있으나 실은 그 아래 숨겨진 대의민주주의의 한계를 넘어서 국민들의 참여의지를 어떻게 보완하여 권력구조에 반영하느냐

하는 문제가 더욱 중요하다는 소식이다. 그동안 국회에서 합의한 행정구역 개편이 졸속에 그친 사례나 지난 겨울 국민들의 뜨거운 '촛불'과 '함성'은 그동안 우리 정치체제의 규범으로 여겨져 왔던 대의민주주의와 대통령단임제의 권력구조의 한계에 울린 경종이라는 생각도 뒤따른다.

오늘 우리에게 '밑으로부터의 국민적 합의'라는 신기원이 절실한 이유는 또 하나 있다. 바로 정부를 비롯한 공공부문의 정책일관성 때문이다. 우리가 선진국이라 하는 나라는 정권이 바뀐다 해서 국가의 기본적인 정책 프레임이 단절되거나 기조가 크게 변하지는 않는다. 하지만 행정수도를 둘러싼 번복과 정쟁에서 보듯 우리 정치권에서는 정권 교체시 국가정책 기조 전반의 왜곡과 단절을 초래하곤 했다. 외교와 안보를 비롯한 통일정책, 경제와 복지, 자치와 민생치안 분야는 물론 사회문화 전반의 왜곡과 단절은 국가 전체적으로 막대한 낭비와 국제사회의 불신을 초래할 뿐만 아니라 무엇보다 국민들의 혼란과 부담을 가중시킨다는 심각한 문제를 안고 있다.

이재열 교수, "합의의 기술로 국가의 운명을 바꿔라"

그렇다면 우리는 과연 어떠한 방식으로 '밑으로부터의 국민합의'를 이룰 것인가? '국민합의'를 향한 오랜 고민은 지난

2013년 졸저『대한의 내일을 묻다』에 구체적인 방법론으로 제시한 바 있고 앞 장 이원재 교수의 '한국 사회와 정치의 양극화, 그 해법을 찾아서'에서도 간략히 언급한 바 있다.

바로 1991년 넬슨 만델라 석방 직후 폭력과 유혈로 얼룩진 91년 남아프리카공화국을 갈등과 대립에서 구한 일명 '몽플레 회의(Mont Fleur Conference)'라 불리우는 열린 합의 방식의 '시나리오 씽킹'이다.

우선 끊임없이 변화하는 대내외 여건과 갈수록 높아지는 국민의 참여와 요구는 부단한 개혁을 필요로 한다. 따라서 항상 국민적 합의를 바탕으로 혁신하고 전진하는 공공정책 패러다임을 정립하기 위해서는 상시적인 개혁이 이뤄져야 한다.

그러한 소신을 바탕으로 지난 2013년 졸저에서 진정 국민을 위한 개혁의 사례로 세종이 25년여 동안 세계에서 유례가 없이 여론을 수렴해가면서 이루어낸 조세제도 개혁의 민주적 절차, 또 남아프리카공화국이 5년여의 각고 끝에 흑백갈등을 넘어 통합과 개혁을 동시에 이뤄낸 이른바 '몽플레 컨퍼런스'의 합의 모델을 제시한 바 있다. 나아가 오늘 우리도 국민대통합과 경제민주화, 또 개헌 등과 같은 국가적 현안에 대해 '세종 컨퍼런스'와도 같은 국민합의로 여야를 초월하고 정권 임기에 연연하지 않는 지속적인 개혁의 동력을 만들어 나가자고 제안한 바 있다.

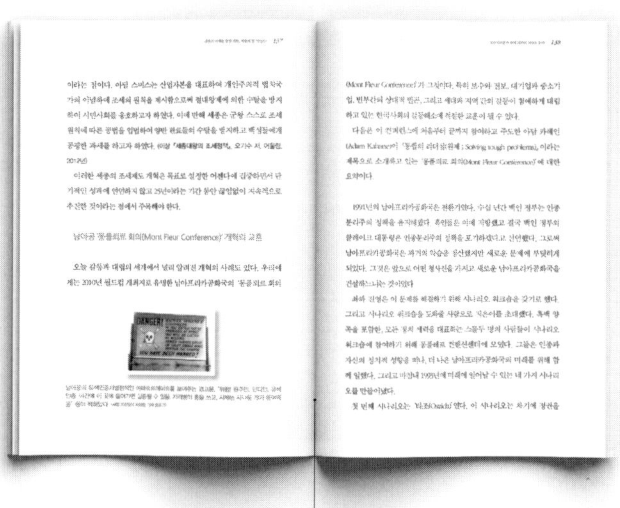

이라는 점이다. 아담 스미스는 산업자본을 대표하여 개인주의적 법치국가의 이념하에 조세의 원칙을 제시함으로써 절대왕제에 의한 수탈을 방지하여 시민사회를 옹호하고자 하였다. 이에 반해 세종은 군왕 스스로 조세 원칙에 따른 공법을 입법하여 양반 관료들의 수탈을 방지하고 백성들에게 공평한 과세를 하고자 하였다. (이상 『세종대왕의 조세정책』, 오기수 저, 어울림, 2012년)

이러한 세종의 조세제도 개혁은 목표로 설정한 어젠다에 집중하면서 단기적인 성과에 연연하지 않고 25년이라는 기간 동안 끊임없이 지속적으로 추진한 것이라는 점에서 주목해야 한다.

남아공 '몽플뢰르 회의(Mont Fleur Conference)' 개혁의 교훈

오늘 갈등과 대립의 세계에서 널리 알려진 개혁의 사례도 있다. 우리에게는 2010년 월드컵 개최지로 유명한 남아프리카공화국의 '몽플뢰르 회의 (Mont Fleur Conference)'가 그것이다. 특히 보수와 진보, 대기업과 중소기업, 빈부간의 상대적 빈곤, 그리고 세대와 지역 간의 갈등이 첨예하게 대립하고 있는 한국사회의 갈등해소에 적절한 교훈이 될 수 있다.

다음은 이 컨퍼런스에 처음부터 끝까지 참여하고 주도한 아담 카헤인(Adam Kahane)이 '통합의 리더십(원제 ; Solving tough problems)'이라는 제목으로 소개하고 있는 '몽플뢰르 회의(Mont Fleur Conference)'에 대한 요약이다.

1991년의 남아프리카공화국은 전환기였다. 수십 년간 백인 정부는 인종분리주의 정책을 유지해왔다. 흑인들은 이에 저항했고 결국 백인 정부의 클레이크 대통령은 인종분리주의 정책을 포기하겠다고 선언했다. 그로써 남아프리카공화국은 과거의 악습을 청산했지만 새로운 문제에 부딪히게 되었다. 그것은 앞으로 어떤 청사진을 가지고 새로운 남아프리카공화국을 건설하느냐는 것이었다.

좌파 진영은 이 문제를 해결하기 위해 시나리오 워크숍을 갖기로 했다. 그리고 시나리오 워크숍을 도와줄 사람으로 저은이를 초대했다. 흑백 양쪽을 포함한, 모든 정치 세력을 대표하는 스물두 명의 사람들이 시나리오 워크숍에 참여하기 위해 몽플뢰르 컨퍼런스센터에 모였다. 그들은 인종과 자신의 정치적 성향을 떠나, 더 나은 남아프리카공화국의 미래를 위해 함께 일했다. 그리고 마침내 1992년에 미래에 일어날 수 있는 네 가지 시나리오를 만들어냈다.

첫 번째 시나리오는 '타조(Ostrich)'였다. 이 시나리오는 차기에 정권을

'국민합의'를 향한 오랜 고민은 지난 2013년 졸저『대한의 내일을 묻다』에 구체적인 방법론으로 극한 갈등의 남아공을 구한 '몽플레 회의(Mont Fleur Conference)'를 국민합의의 모델로 제시한 바 있다.

'밑으로부터의 국민 합의'는 국민적 공감대 형성할 수 있는 방식이 가장 중요하다. 우리 사회가 본격적으로 합의에 관심을 갖기 시작한 것은 참여정부 때로 기억한다. 지난 정부에서도 국민통합위원회를 중심으로 국민통합을 위한 갖가지 의제를 공론조사 형식의 리서치를 거쳐 시민합의 형식으로 진행했다. 그러나 아직까지는 국민적 공감을 얻은 '국민합의' 사례는 없는 것으로 확인된다.

그렇다면 '밑으로부터의 국민합의'는 어떠한 방법으로 국민

적 공감대를 얻으면서 어떻게 한국 사회 대전환의 모멘텀을 만들 수 있는가? 한국 사회의 문제점 중 하나로 사회갈등과 이로 인한 소모와 지체에 오랜 관심을 가지고 합의에 주목해온 이재열 교수(서울대, 사회학)의 통찰과 대안은 오늘 우리에게 주목할 만한 시사점들을 던져준다.

지난 2016년 4월 15일 KBS 『명견만리』에 '합의의 기술'이란 제하에 방영된 이재열 교수의 "우리는 합의의 기술을 가졌는가?"라는 문제제기와 해법이 제시되었다. 이재열 교수가 우리에게 던져주고자 한 의제의 핵심은 "합의의 기술로 국가의 운명을 바꿔라"라는 한마디에 응축되어 있다. 방법론은 합의의 기술이고 결론은 국민합의에 바탕한 정책일관성이다.

2016년 4월은 사드 문제로 국내외 정국이 들끓고 있었다. 동북안 안보 전쟁, 전자파 피해의 유해성, 실제 방어 능력, 지역 주민의 반대를 푸는 해법 등을 둘러싸고 정국이 들끓고 있었다.

KBS 『명견만리』 '합의의 기술' 편은 이러한 사드배치를 예로 들면서 근본적으로 '사드 배치는 누가 어떻게 결정했는가'라고 문제를 던진다. 그리고 성주 주민들의 입장에선 사드 배치에 대한 충분한 공론화 없이 안보라는 이유만으로 정책 결정을 통보 받았다는 점에 주목한다. 이와 같은 갈등은 우리 사회에 보편화되어 있다시피 하다.

이재열 교수는 '갈등관리가 국가의 명운을 좌우한다'는 의제를 제시한다. 그리고 갈등의 부정적인 측면만 아니라 긍정적인 측면에 대해서도 주목하면서 갈등을 통해 역사가 진보해 왔듯이 효과적인 갈등관리를 통해 어떻게 효과적으로 성장과 전진을 이룰 것인가라는 논제를 이끌어 간다.

우리 한국사회의 갈등과 이로 인한 소모는 충격적이다. OECD 27개국 중 사회갈등지수는 0.72로 2위로 가장 갈등이 심각한 나라이며 사회갈등관리지수는 0.38로 하위 세번째 국

사드로 인한 갈등이 한창이던 2016년 4월 방영된 KBS의『명견만리』에서 이재열 교수는 "합의의 기술로 국가의 운명을 바꿔라"는 화두를 앞세워 갈등과 반목의 대한민국이 합의와 통합의 새로운 장을 열어가야 한다고 역설했다.

가로 갈등관리에 가장 문제점이 큰 나라이기도 하다.

갈등은 곧 비용으로 직결되는데 삼성경제연구소의 분석에 의하면 우리나라는 1인당 GDP의 27%, 즉 국민 한 사람이 약 900만원을 갈등 비용으로 지불하고 있다는 분석이다. 사회 전체적으로는 최소 82조원에서 최대 246조원의 막대한 재원이 갈등 관리 실패로 낭비되고 있는 것이다.

최근 한국사회에서 가장 심각하게 생각하는 갈등에 대한

최근 한국사회에서 가장 심각하게 생각하는 갈등에 대한 빅데이터 분석 결과를 보면 가장 많은 국민이 세월호를 가장 심각한 갈등으로 꼽았고, 미디어법, 헬조선, 노인부양, 아동폭력, 재벌개혁, 원전건설 등이 뒤를 이었다. 주요 갈등 이슈들이 이념별, 세대별, 계층별로 극명하게 대립 양상을 보이고 있다.

빅데이터 분석 결과를 보면 가장 많은 국민이 세월호를 가장 심각한 갈등으로 꼽았고, 미디어법, 헬조선, 노인부양, 아동폭력, 재벌개혁, 원전건설 등이 뒤를 이었다. 주요 갈등 이슈들이 이념별, 세대별, 계층별로 극명하게 대립 양상을 보이고 있으며, 무엇보다 작은 갈등으로 시작해 사회 전체로 확장된다는 문제를 안고 있다는 점이 더욱 우려스럽다.

이재열 교수는 이러한 분석을 바탕으로 갈등 관리의 핵심으로 '합의의 기술'을 제시하면서 선진국의 '토론을 통한 합의'라는 갈등 관리 방법과 절차를 소개한다. 오랜 인종 갈등을 겪어온 미국은 특정 사안에 대해 무작위로 참석자를 선정해 진행하는 미국식 공개토론인 '타운홀 미팅'으로 해법을 찾아왔다. 프랑스는 갈등의 주요 당사자들이 직접 토론을 통해 갈등을 예방하고, 조정하는 독립 행정기관 '국가공공토론위원회'를 만들어 갈등관리를 전담하도록 정부가 갈등관리에 앞장서고 있다. 핵심은 서로의 의견을 듣고 이해하며 설득할 수 있는 '공론장(公論場)'을 통해 갈등을 합의로 이끌어 가는 것이다.

지지기반 배신한 슈뢰더의 개혁, 정적 슈뢰더의 개혁 승계한 메르켈

KBS 『명견만리』 제작진과 이재열 교수가 우리에게 모델이

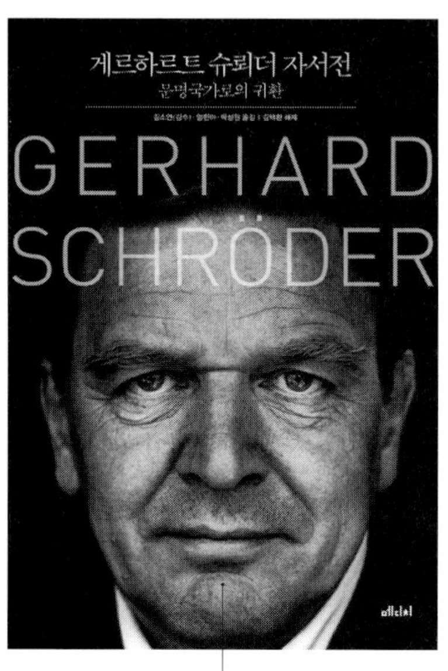

자신의 지지기반을 외면하면서까지 독일의 미래를 위해 '하르츠 개혁'을 추진한 슈뢰더 총리. 결국 정적 메르켈에게 선거에서 패배하지만 메르켈은 슈뢰더의 개혁을 승계하여 독일을 다시 번영의 길로 되살린다. 슈뢰더는 자신의 자서전을 통해 메르켈에게 감사와 경의를 표한다. 사진은 국내에 번역 출간된 슈뢰더의 자서전『문명국가로의 귀환』.

될만한 사례로 제시한 독일의 정당과 정파를 초월한 정책승계와 일관성으로 국민적 합의까지 이끌어낸 이른바 '하르츠 개혁' 사례는 특히 이념대립과 정치갈등이 심각한 우리에게 시사하는 바가 크다.

2000년대 초반 독일은 노동 유연성을 극대화한 '하르츠 개혁'으로 전후 전례 없는 갈등을 맞는다. '하르츠 개혁'은 슈뢰더 총리가 파격적인 복지 축소와 노동 유연성을 골자로 한 '아젠다 2010'으로 상당수의 복지 정책과 재정이 축소되고, 임시직 고용이 늘자 독일 사회는 시민들의 엄청난 반발에 부딪히게 된다.

독일은 우선 사회 각계 각층이 참여하는 공론장(公論場)을 만든다. 전국에 걸쳐 공개된 장소에서 의견과 아이디어를 내놓는 토론회를 개최하고 작은 마을에서도 노동 개혁 관련 공개 토론회를 통해 정책 결정에 반영하도록 했다.

공론장의 전국적 확대가 가능했던 이유 중 하나는 독일의 기존 교육제도 덕분이기도 하다. 독일 학교에서는 다양한 '합의 기술' 교육을 받는다. 학교에는 '학생 갈등 조정관'이 있는데 학생들이 스스로 그들의 갈등을 해결할 수 있도록 돕는 학생 자치위원이다. 학생들 사이의 사소한 갈등을 또래의 제3자가 중재하면서 갈등을 객관화하고, 합리적으로 해결하는 문화를 어릴 적부터 몸에 배도록 해왔다.

공론장에서 나온 아이디어 중 하나가 '전문 직업교육훈련소'로 고용 안정성이 떨어지자 기술을 배워 이직이 쉽도록 만든 기관이다. 16개월에서 24개월 정도의 교육 과정을 이수하면 상공회의소에서 졸업 증명서를 발급하고 이를 바탕으로 재취업을 돕는다. 뉘른베르크에만 70개의 훈련소가 있는데, 훈련생의 80%는 더 나은 직장으로 취업한다고 한다.

처음엔 갈등과 혼란 속에서 표류했던 하르츠 개혁을 국민합의와 성공으로 이끈 핵심적인 역할은 '하르츠위원회'를 통해서였다. 위원회는 합의된 원칙에 대해서는 다시 쟁점화하지 않는다는 약속과 정책의 연속성을 이어간다는 대전제를 지킨다.

특히 주목할 만한 점은 고용의 유연성을 추진한 슈뢰더 총리는 주요 지지층이 노동자인 사민당 총리였지만 국가와 국민의 미래를 위해 자신의 지지기반이 반대하는 정책을 추진했고 결국 2004년 총선에서 중산층을 주요 지지기반으로 하는 기민당의 메르켈에게 패배하게 된다. 메르켈 총리는 취임식에서 슈뢰더의 정책을 이어나가겠다고 선언했고, 정치적 이념에 상관없이 합의에 이른 정책은 일관성을 이어나가겠다는 원칙을 지켜나간다. 하르츠 개혁이 시작되고 갈등과 혼란이 최고조에 이르렀던 2006년 독일은 11.2%로 최고의 실업율을 보이지만 이후 2007년 8.9%, 2009년 7.8,% 2010년 5.8%, 2013년 5.2%, 2015년 4.6%로 2015년 현재 기준으로 EU 평균 6.8%의 실업률보다 2%나 낮은 완전고용에 가까운 일자리 정책의 성공을 이뤄낸다.

독일의 정책일관성 존중, 한국의 '전 정권 지우기'

독일 슈뢰더 총리와 메르켈 총리의 국민합의를 향한 노력과 합의를 이룬 정책의 일관성을 존중하는 모습은 전 정권의 정책은 지우개로 지우듯 깨끗이 지우고 부정하는 우리와 극명하게 대조를 이룬다는 점에서 더욱 시사하는 바 크다.

이재열 교수는 결론으로 우리 나름의 정치제도와 문화에 알맞은 합의의 노력이 필요함을 역설한다. 미국이나 프랑스나 독일의 합의의 절차와 제도는 나름의 문화적 전통과 법제도의 역사성에 바탕한다. 우리나라에도 2015년 박근혜 정부 당시 중앙정부 차원의 국민대통합위원회가 있고, 지방정부 차원에서는 서울시를 비롯해 50여 개 관공서가 갈등 관리 시스템을 구축하고 있다. 하지만 우선 정치제도의 측면에서 의원 내각제가 아닌 대통령 단임제인 우리나라 특성상 정권은 임기 내에 해결할 수 있는 문제에만 편중하고, 장기적인 비전을 위한 정책을 만들어나가기 쉽지 않은 구조라는 점이 문제다. 따라서 합의제 정치와 정책의 연속성을 보장하는 권력구조로의 개편을 골자로 하는 개헌론이 부상하고 있다.

하지만 개헌을 포함한 어떤 정치제도나 또 어떠한 정책도 국민적 합의 없이는 시행하지 말아야 한다는 점이 핵심이다. 그리고 합의에 있어서 민주적인 절차, 부단한 소통, 상호 존중감, 이 세 가지가 대원칙이어야 한다.

이재열 교수의 '합의의 기술'은 특히 우리 정치에 몸담고 있는 한 사람으로서 우리 정치 현실을 근본적으로 성찰하게 해준다. 우리 현대정치사는 전 정권 부정의 역사로 점철되어 왔다. 6월 민주화운동으로 직선제를 되찾은 1987년 개헌 이후 정권의 역사만 보아도 그렇다. 노태우 정부는 뿌리가 같은 정당을 기반으로 집권을 하고서도 전 정권을 전면 부정한다. 3당 합당으로 집권한 김영삼 정부 역시 '신한국 창조'의 슬로건 아래 역사 바로 세우기를 비롯 전면적인 전 정권 부정의 길을 걷는다.

한때 김영삼 전 대통령과 민주화의 동반자였으나 첫 정권 교체의 신기원을 이룩한 김대중 정부 역시 '제2건국'이라는 슬로건이 상징하듯 정책 일관성을 찾아보기 힘들었다. 대통령 선거 중에 전 정권의 실정으로 IMF 경제 위기가 닥쳤으니 전 정권 부정은 더욱 전면적이었다.

더욱 심각한 정책의 단절은 김대중 정부에서 노무현 정부로, 또 이명박 정부에서 박근혜 정부로 정권 재창출을 하고도 전 정권의 정책을 전면 부정하고 임기내 모든 일을 해내려는 경향으로 치닫는다는 점이다. 이는 우리 정치를 비롯한 사회 전반의 민주주의에 대한 인식이 높아졌음에도 불구하고 소수 계파 중심의 권위주의적 잔재가 남아 있지 않나 차갑게 성찰해보게 된다.

그렇다면 이러한 악순환의 고리를 끊고 국민합의를 최우선으로 존중하는 정치문화는 물론 정책 전반에 걸쳐 합의에 기반하는 전통을 새로이 만들어 갈 방안은 무엇인가? 이재열 교수가 제시하듯이 우리 사회가 절실히 요구하는 '합의의 기술'을 우리 정치권이 앞장서 '밑으로부터의 합의를 통한 국민통합'의 신기원을 이루는데 앞장서야겠다는 신념을 새삼 다지게 된다.

나름으로 몇몇 주변 분들과 관심을 갖고 한국적 문화와 정치제도에 걸맞는 합의의 방식으로 2013년 졸저 『대한의 내일을 묻다』에 언급했고, 2016년에는 원자력 갈등과 관련하여 국회 세미나에서도 심도 있게 논의했던 남아프리카 공화국의 '몽플레 컨퍼런스'의 '시나리오 씽킹' 합의방식에 주목하는 이유가 있다.

지난 2014년 하반기에 산업통상자원부 산하 한 공공기관에서 국회 세미나 요청을 받았다. 우리 한국사회에서 가장 갈등이 극심한 분야인 원자력 산업과 관련한 합의방식에 관한 세미나를 주관해달라는 한국원자력문화재단의 요청이었다. 충남도에서 공직생활을 하던 90년 이른바 '안면도 사태'라는 극심한 혼란을 지켜보았고 만일 원자력 정책 분야에서 합의의 모델을 시험적으로 도출해낼 수 있다면 개헌과도 같은 국가적으로 중차대한 국민합의의 모델을 정립해갈 수 있으리라는 소신으로 2014년 11월부터 2015년 상반기까지 모두 3번의 국회 세미나를 주관하거나 참여했다.

문화일보

2014년 12월 02일 화요일 020면 종합

"原電 '경제성·기후변화'에 최상… 안전성은 더 보강"

원자력문화재단 국민공감 토론회

목진휴 교수가 좌장을 맡고 김두영 아델만코리아 수석부사장의 발제로 진행된 원자력 갈등 해소를 위한 국민공감토론회가 특집 보도된 문화일보 2014년 12월 2일자 지면. 국내에서는 처음으로 남아공의 '몽플레 컨퍼런스'를 합의의 모델로 제시해 주목을 받았다.

참여정부 시절이던 2004년 시민합의회의 방식의 첫 국민합의 시도의 의제는 '탈핵'을 핵심으로 한 원자력 정책이었다. 아이러니컬하게도 13년여가 지난 현재 새 정부 첫 공론화 과제로 원자력 정책 결정의 시금석이 될 '신고리 5, 6호기 건설'의 공론화가 진행되고 있고 그 귀추에 국민의 눈과 여론의 관심이 쏟아지고 있다. 원자력을 비롯한 에너지 분야는 안면도 사태, 부안 사태, 그리고 밀양 송전탑 사태를 비롯한 고압 송전탑과 송변전 시설 건설 때마다 첨예하면서도 심각한 갈등에 부딪치곤 한다. 특히 원자력의 경우 2011년 후쿠시마 쓰나미로 인한 원전 사고 이후 국민안전과 직결된 현안으로 떠오르면서 국가정책 방향을 놓고 더욱 뜨거운 국민적 관심사로 떠오르고 있다.

원자력을 둘러싼 에너지 갈등 해소를 위한 국회 세미나를 주관하거나 적극 참여한 이유는 이러한 첨예한 원자력 갈등 합의 모델을 통해 국가적이면서도 국민적 과제인 개헌을 비롯한 '국민합의'와 이를 통한 '국민통합'의 방법론을 찾아보자는 의지에서였다.

우리 대한민국에서도 국민적 합의를 시도한 사례가 있고 지금도 진행 중이다. 그 방법론과 시행착오를 점검하면서 대안을 모색해보고자 한다. 자료는 2015년 11월부터 2016년 상반기까지 모두 3번에 걸쳐 이강우 의원과 공동으로 원자력 갈등해소를 위한 국회 세미나를 주관하면서 정리한 내용을 토대로 했다.

한국적 '국민합의' 실험, 만델라의 국민통합 모델 '시나리오 씽킹'

합의에 활용되는 방안은 첫째 유럽을 중심으로 한 서구식 '시민합의회의', 둘째 공론조사를 통한 국민여론에 의거한 방식, 셋째 이 두 가지 방식을 절충한 공론조사와 합의회의를 병행하는 방식 등이 일반화되어왔다.

우리 한국사회에서 합의와 공론화가 시도된 대표적인 사례는 90년 안면도 사태 이후 방사성폐기물 처분장을 둘러싸고 극한 혼란과 갈등을 보였던 원자력 산업 분야에서 주로 이루어졌다. 국회 세미나는 이 두 방식이 갖는 대표성에 대한 논란과 참여하지 않은 대다수 국민의 수긍과 승복 여부 등을 극복할 수 있는 '시나리오 씽킹' 방식을 중심으로 이루어졌다. 따라서 모두 네 방식의 합의방안에 대해 검토해보고자 한다.

첫째 유럽을 중심으로 한 서구식 '시민합의회의'는 노무현 정부 시절인 2004년 '전력정책의 미래에 대한 시민합의회의' 개최가 대표적인 사례였다. 합의회의 결과 '탈원전', 즉 '탈핵'으로 합의를 도출했고 주요 대안으로는 전기 에너지 절약을 중심으로 한 수요관리를 채택했으나 정책에 직접적으로 반영되지는 못했고 2014년 10주년 기념 세미나에서 수요관리를 제대로 못했다는 반성을 바탕으로 '탈(脫)원전' 기조와 더불어 신재생 에너지에서 대안을 찾는 정책 방안을 논의하기도 했다.

둘째 공론조사를 통한 국민여론에 의한 결정 사례로는 2013년부터 2015년 6월까지 30여개월여 운영된 사용후핵연료 처리 방안, 즉 흔히 '방폐장'으로 불리우는 고준위방사선폐기물 처리를 놓고 구성되어 활동한 '사용후핵연료공론화위원회'의 공론조사 방식을 들 수 있다.

셋째 이 두 가지 방식을 절충한 공론조사와 합의회의를 결합한 사례로는 2017년 현재 뜨거운 논란 속에 공론화가 진행되고 있는 '신고리 5, 6호기 공론화위원회'에서 진행하고 있는 방식이 이에 해당한다. 2004년 '전력정책의 미래에 대한 시민합의회의'와 2013년부터 2015년 상반기까지 이루어진 '사용후핵연료공론화위원회'의 공론조사 방식을 결합한 방식이라 할 수 있다.

넷째 '시나리오 씽킹' 방식은 91년 넬슨 만델라 석방 직후 극한의 갈등과 반목을 해소한 '몽플레 컨퍼런스'에서 채택한 방식으로 우리나라에서는 아직 시도된 적은 없으나 한국원자력문화재단의 제안으로 2014년 하반기부터 2015년 상반기까지 서울대사회발전연구원에서 시범 모델 정립을 목표로 실행한 사례가 있다.

유럽을 비롯한 서구식 '시민합의회의' 방식의 의의와 한계

서구식 '시민합의회의' 방식은 2004년 '전력정책의 미래에 대한 시민합의회의'로 실행된다. 참여연대 시민과학센터를 중심으로 서구의 합의회의 제도를 모델로 하여 '핵발전' 정책의 사회적 공론화와 합의 도출을 목표로 실행되었다.

'전력정책의 미래에 대한 시민합의회의(이라 시민합의회의)'는 합의회의 운영을 감독할 조정위원회부터 구성했는데 환경단체, 언론인, 관련부처 공무원, 전문가 등이 조정위원으로 이루어졌다.

핵심은 국민 대다수를 대변하는 대표성을 지니는 시민패널이다. 시민합의회의에서는 원자력 발전 정책 및 산업과 이해와 무관한 다양한 연령대의 시민을 대상으로 공모 신청자 176명 중에서 18명을 최종 시민패널로 선정했다. 주요 출신 성향은 퇴직 교사, 가정주부, 대학생, 회사원, 농업기술자 등 다양한 구성으로 이루어졌다.

합의회의 방식은 3개월 동안 예비모임과 본 모임을 통해 '핵발전'에 대해 찬반 의견 양측의 전문가와 환경단체들로부터 정보와 의견을 청취하고 집중 토론을 벌였다. 시민패널들은 관련 정보에 대한 상세한 자료를 문서 형식으로 제공받은 다음 2004년 7월과 9월 두 차례에 걸쳐 예비모임을 갖고 해당 주제에 대한 기초 지식을 교육받는다.

10월 8일부터 11일까지 본 회의를 개최했고 시민패널이 미리 작성한 질문들에 대해 11명의 전문가 패널과 2명의 원자력발전소 부근 주민의 발표를 듣고, 이에 대해 다시 질의하고 토론을 진행했다.

당시 본회의의 주요 질문내용은 전력문제를 고려할 때의 중요한 가치기준, 전력정책의 현황과 바람직한 방향, 원자력 발전과 관련한 국내외 동향과 산업적 이해관계, 원자력발전의 지속여부, 원자력발전의 대안, 전략정책 수립시의 사회적 합의를 위한 의사결정구조 등으로 이루어졌다. 주요 쟁점인 원자력 발전 지속여부에 대해 조별 토론 및 전체 토론 후 무기명 비밀투표를 통해 의견을 수렴하는 방식으로 진행했다.

2004년 10월 3박4일 간의 집중토론을 거쳤고 그 결과를 토대로 보고서를 작성하고 최종보고서는 기자회견을 통해 발표했고, 국회와 행정기관, 연구기관, 시민사회단체 등 관련 기관과 인사들에게 발송되었다.

최종 채택된 합의 내용은 향후 '핵발전' 정책에 대해 1안 제2차 전력수급기본계획에 의거한 '핵발전소' 추가 건설, 2안 국민 동의를 얻어 제한적 추가건설 허용, 3안 신규건설 중단이라는 3개 선택지가 투표에 부쳤고, 투표 결과 18명의 시민패널

중 3안 12명 찬성, 2안 4명 찬성으로 사실상 '탈핵'을 결정한다. 논의과정에서 '핵발전'을 당장 다른 전력원으로 대신할 수 있는가 여부는 회의적이었지만 '핵발전' 중심의 전력정책을 이어나가는 한 대안을 찾기가 더 어려워진다는 점에 다수의 시민패널이 공감한 것으로 알려졌다. 최종적으로 합의회의는 수요관리 시스템 정비, 전원구성의 다양화 등을 대안으로 제시하는 결론을 내린다.

당시에 제기된 문제점은 시민합의회의 최종결정이 공식적인 구속력을 갖지 못한다는 점, 당시 합의회의 진행과 '핵발전소' 추가 건설 반대라는 결과에 대해 청와대, 산업자원부, 지속가능발전위원회, 국무총리실에서 관심을 보였고, 전력정책에 영향을 미칠 것이라는 기대가 있었으나 결과적으로는 정부 정책 결정에 반영되지 못했다.

합의절차에 있어 제기된 가장 큰 지적은 참가자의 대표성 문제였다. 지원자 모집의 경우 일반 시민이 아니라 대상 주제에 대해 관심이 많은 사람들만이 참여한다는 한계가 분명하기 때문이다. 또한 참가자 수가 18명으로 극히 적은 데서 비롯되는 대표성 문제는 더 큰 한계로 지적됐다. 문서화된 자료와 전문가의견 등을 통해 충분한 정보를 주고 참가자 상호토론 및 심사숙고의 시간을 갖게 한 다음 해당 이슈에 대한 의견을 모은다는 점에서 숙의성은 높지만, '탈핵'과도 같이 사회적으로

에너지기후정책연구소 창립 5주년 기념 심포지엄

전력정책 시민합의회의 10년

한국 에너지 거버넌스의 현주소를 묻는다

일 시 2014년 9월 17일 (수) 오후 2-6시
장 소 서울 정동 프란치스코 교육회관 212호

한국 정부의 강압적인 핵발전 증설과 고압송전탑 건설, 일방적인 에너지 기본계획 수립을 둘러싼 충돌과 갈등은 끊이지 않고 있습니다. 취약했던 에너지 거버넌스는 갈수록 유명무실해지는 가운데 시민사회의 대응 전략도 재점검이 필요한 시점입니다. 2003년 부안 항쟁의 홍역을 교훈 삼아 시민 수준에서 전력정책의 거버넌스 모델을 시도했던 2004년 "전력정책 시민합의회의"는 그 방식과 깊이에 있어 지금도 유력한 참고가 될 것입니다. 에너지기후정책연구소의 창립 5주년 기념 심포지엄을 통해 한국 전력 정책의 수립과 집행에 관한 최근의 몇 가지 이슈와 사례를 통해 에너지 거버넌스의 현주소와 나아갈 바를 모색해 보고자 합니다.

〈1부〉 공개좌담: 2004년 전력정책 시민합의회의는 무엇이었나?

▲ 기조강연 : 시민합의회의의 현재적 의미 / 이영희 교수 (가톨릭대학교)
▲ 좌담 : 하승수 (녹색당 공동운영위원장, 전 부안주민투표관리위원회 사무처장)
김병수 (국민대학교 연구교수, 전 참여연대 시민과학센터 간사)
김준한 (신부, 밀양 765kV 송전탑 반대 대책위원회 공동대표)

〈2부〉 심포지엄: 한국의 에너지 거버넌스 현주소를 묻는다

▲ 발표 : 한국 에너지 거버넌스의 진단과 과제 / 김현우 (에너지기후정책연구소 상임연구원)
한국탈핵과 에너지 거버넌스 / 양이원영 (핵없는사회를위한공동행동 공동집행위원장)
▲ 토론 : 구도완 (환경사회연구소 소장) / 김세호 (김제남 의원실 비서관) /
김준한 (밀양 대책위원회 공동대표) / 강언주 (투명사회를 위한 정보공개센터 간사)

주최: (사)에너지기후정책연구소
후원: 한국환경사회학회, 시민과학센터, 밀양 765kV 송전탑반대 대책위원회, 언론협동조합 프레시안

에너지기후정책연구소

현재 진행중인 신고리 5, 6호기 건설 공론화를 비롯한 '탈핵' 의제는 2004년 '탈핵'을 결정했던 시민합의회의, 그리고 2014년 에너지기후정책연구소의 '한국 에너지 거버넌스의 현주소를 묻는다' 심포지엄의 연장선상에서 지속적으로 공론화를 통한 '탈핵' 정책을 추진해왔다. 사진은 2004년 전력정책 시민합의회의 10주년을 기념해 열린 심포지엄 포스터.

민감한 쟁점 사안을 다룰 경우 이해관계를 가진 사람들이 자신의 목적이나 의도를 숨기고 시민패널에 지원하는 경우가 발생할 소지가 있다는 점, 또 이로 인해 폭넓은 참가와 합의를 끌어내는 데 미흡할 수 있다는 점 등이 한계로 지적됐다.

2014년 9월 전력정책 시민합의회의 10년을 기해 2004년 전력정책 시민합의회 5년 후에 창립된 (사)에너지기후정책연구소 주관으로 열린 '한국 에너지 거버넌스의 현주소를 묻는다'는 제하의 심포지엄에서는 이와 같은 2004년 당시의 문제인식을 근간으로 향후 '탈핵'을 비롯한 에너지 전반의 새로운 목표를 설정하고 에너지 관련 거버넌스 에 관해 논의한다.

2004년 전력정책 시민합의회의는 13년여가 지난 오늘 새 정부의 '탈원전' 정책 주도의 연장선상이라는 점에 주목할 필요가 있다.

공론조사 방식의 공론화 합의방식의 의의와 한계

2003년 전북 부안 방폐장 사태 이후 2004년 기존 방폐장 정책의 변화를 가져왔고 사용후핵연료는 중저준위 폐기물과 분리하여 관리방안을 수립하는 것으로 결정한 이후 중간저장 시설 건설을 포함한 방폐장 관리와 건설 방안이 새로운 관심사로 떠올랐다. 사용후핵연료 장기 관리방안은 고준위방사성

폐기물이라는 특성상 사용후핵연료의 포화상태가 우려되는 2016년 이후 중단기 관리방안 마련을 위한 사회적 합의 도출의 필요성이 부각되었다.

따라서 사용후핵연료 중간저장 및 최종관리방안을 놓고 2013년 사용후핵연료공론화위원회가 활동을 시작했고 공론조사를 중심으로 한 합의 도출에 돌입했다.

공론조사는 '사용후핵연료 공론화위원회' 주관으로 이루어졌는데 남성 93명, 여성 82명 총 175명의 참석자를 대상으로

2013년부터 2015년 6월까지 30여개월 동안 진행된 사용후핵연료공론화위원회 활동을 소개하는 홍보용 만화 책자. 사용후핵연료공론화는 대중적인 홍보물에서 보여주듯 어려운 사용후핵연료를 둘러싼 지식들을 쉽게 알 수 있도록 하면서 공론조사 방식을 중심으로 진행되었다.

사용후핵연료 관리방안 마련을 위한 공론조사를 실시했다.

2014년 3월 28일부터 29일까지 1박2일에 걸쳐 진행됐고 연령별로는 19~29세 이하 25명, 30대 16명, 40대 28명, 50대 41명, 60세 이상 65명이 참석했다. 공론조사는 자료학습, 전문가 설명 및 질의응답, 분임토의와 전후 설문조사를 통해 사용후핵연료 관리방안에 대한 숙의민주주의 방식을 적용해 운영되었다.

공론조사의 전문성과 공정성을 높이기 위해 설문구성 준비 및 결과도출까지 전 과정에 걸쳐 자문 및 모더레이터 교육을 실시했다.

조사의제는 사용후핵연료 관리를 포괄하는 사용후핵연료 관리방안 마련, 사용후핵연료 관리시설 건설 및 운영지역 지원 방안, 사용후핵연료 관리방안 마련을 위한 평가기준, 사용후핵연료 보관 및 저장 방식 등에 걸쳐 이루어졌다.

공론조사 결과는 2055년 영구처분시설 건설 및 운영에 대해 63.6%가 지지, 반대는 8.7%로 나왔고, 사용후핵연료 저장 및 영구처분시설로 인해 영향을 받는 지역에 정부가 지원해주어야 한다는 의제에 대해 92.5%가 지지를 표했다.

사용후핵연료 관리정책에서 국민안전이 최우선이라는 원칙에 96.0%가 의견을 모았고, 미래세대에게 과도한 부담을 주지 않아야 한다는 데 대해서는 88.4%가 동의했다. 사용후핵연료 관리방안 평가기준 중요도에 대한 인식은 안전성(9.47%), 보안성(9.20%), 추진가능성(8.92%), 지속가능성(8.83%), 회복가능성(8.82%) 순으로 인식하고 있는 것으로 나타났다.

사용후핵연료공론화를 위한 공론조사의 성과는 사용후핵연료 관리에 대한 자료집 학습과 전문가 설명 및 질의응답, 분임토의 전후의 학습효과가 뚜렷하게 확인되었다는 점이다. 또한 시민들이 모여 균형 있는 정보를 제공받고 합리적 토론을 진행하여 자신들의 선호를 교정함으로써 진정한 공론을 형성할 수 있다는 점에서 기존 여론조사가 지닌 단점을 보완 할 수 있다는 의의가 확인되었다.

반면 한계로는 시민합의회의와 마찬가지로 이해관계자나 국민 모두에게 절차의 정당성과 대표성을 인정 받기에 어려움이 있으며, 궁극적으로 공론조사 결과가 정부 정책을 변화시키는 데에는 한계를 보였다는 점이다.

'신고리 5, 6호기 건설' 의제 공론조사와 합의회의 결합방식의 향방

신고리 5·6호기 공론화위원회는 공론화 1차 과정으로 전국 2만명 대상 공론조사 형식의 설문조사를 실시하고 그중 중도 이탈자를 제외한 350명을 대상으로 토론회, 공청회 등 숙의를 거친 뒤 최종 의견을 묻는다. 찬반을 묻는 공론조사를 주로 쓰는 영미식과 충분한 토론을 거치며 숙의에 중점을 두는 프랑스식 공론화의 중간 형태다. 이를테면 한국형 공론화 방식을 만들어가는 시험무대로 보이는 과정으로 평가된다.

당초 신고리 공론화는 찬반이 명확히 표기돼 해석의 여지가 작은 영미식 공론조사였으나 내외부 전문가 조언과 조정에 따라 최종적으로 프랑스식 숙의토론 기법이 상당히 반영된 것으로 확인되고 있다. 이는 찬성, 반대로만 접근하는 방식은 다수결 원리와 다를 바 없다는 점을 보완하기 위한 것으로 보이며 공론화의 근본적인 이유가 표면적으로 드러나는 찬반 입장에 가려진 다양한 함의를 파악함으로써 보다 합의가 가능한 의제를 도출하기 위한 방식으로 평가된다.

결론적으로 신고리 5·6호기 공론화는 다수결 원리에만 충실해왔던 대의민주주의를 숙의민주주의를 통해 보완함으로써 민주적 절차의 정당성과 대표성이 동시에 확보되어야 한다는 기대와 함께 진행되고 있다.

새 정부는 공론조사를 통한 사회적 합의과정의 중요성을 강조하면서 성패 여부에 따라 앞으로 유사 갈등사안에 중요한 모델로 적용할 것을 밝히고 있다. 즉 새 정부의 의사결정 방식에 대한 하나의 시범 케이스로 현재 사회갈등에 직면한 현안들의 공론화 방식에도 적용될 것으로 보인다.

현재 신고리 5,6호기 공론화는 진행 중이고 논란 또한 뜨거운 상황이라 섣부른 재단이나 판단은 공론화 이후로 미루는 것이 마땅하다는 판단이다.

다만 원론적으로 시민합의회의 방식과 공론조사 방식, 또는 이 둘을 결합하여 시도되고 있는 한국형 공론화 방식 모두 기본적인 전제에서 심각한 문제점을 보인다는 점은 지적할 필요가 있다.

가장 심각한 문제는 공론조사나 합의회의 등과 같은 방법론의 문제라기보다는 합의 기간의 조급성이다. 이미 원론적으로 제기된 선진사례와의 비교는 우리의 합의가 얼마나 조급하게 시도되고 있는지를 명확히 반증한다.

독일, 스위스의 경우는 30여년 합의절차 거쳐 '탈원전' 결정

원전산업만을 예로 든다 하더라도 독일은 1986년 체르노빌 원전 사고 이후 무려 30년의 공론화 과정을 거친 끝에 탈원전을 결정했고, 스위스는 1984년부터 다섯 차례에 걸친 투표 끝에 33년만인 2017년에야 탈원전을 결정했다. 앞서 보았듯이 독일의 하르츠 개혁도 여야 정권교체를 거치는 과정에서 정책 일관성을 유지하면서 10여년이 지나서야 실질적인 실업률 감소와 일자리 창출의 가시적인 성과를 보여주고 있다.

또 한 가지 문제는 만일 탈핵을 결정한다 하더라도 중장기적으로 국가와 국민에게 가져올 부담에 대한 정확한 예측과 정책대안이다. 독일은 탈핵 결정 후 자국내 17기의 원전을 2022년까지 폐쇄하기로 결정하고 실행하였으나 연방헌법재판소는 '원전폐쇄로 입은 손실을 배상해야 한다'고 판결하였으며, 배상액이 190억 유로(약 24조원)에 이를 것으로 분석된다.

또한 이미 언론을 통해 잘 알려진 대로 탈원전 정책이 가져올 기업과 가계의 경제적 부담에 대한 정확한 예측과 대안이다.

일본 에너지경제연구소는 후쿠시마 이후 탈핵으로 전환하면서 2013년 총 3조8000억엔(40조원), 하루 100억엔(1050억원)으로 국민 1인당 연간 3만엔(31만5000원)의 추가비용 발생한 것으로 추계하고 있다.

일본경제는 2011년 1980년 2차 오일쇼크 이후 31년만에 적자로 반전되었다. 2010년 6억9400만엔 흑자를 기록한 이후 2011년 △2조6000억엔 적자, 2012년 △6조900억엔 적자, 2013년 △11조4700억엔 적자를 기록하고 있다.

우리 탈핵 논리의 모델인 독일의 경우도 심각하긴 마찬가지이다. 독일이 탈핵으로 전환한 이후인 2013년부터 3~4인 가족 기준 연간 약 346,500원의 전기료를 추가 부담하고 있고, 독일상공회의소에서 1,520개 기업 대상 조사결과 산업계는 전력 가격상승 및 공급 불안으로 1/5이 국외로 이주했거나 이전을 생각하고 있는 것으로 확인되고 있다. BDEW(독일연방에너지·수도연합회)에 의하면 독일이 원자력의 대안으로 선택한 태양광을 비롯한 신재생에너지는 발전용량의 14.9%의 투자를 했으나 실제 발전전력량에서는 3.3%에 미치는 투자 대비 비효율성이 심각한 것으로 집계되고 있다.

물론 이러한 예측과 대안이 공론화 과정에 포함되어 있으리라 예상된다. 하지만 이러한 상세한 내용을 국민 대다수가 인지하고 판단할 수 있어야 하며 이를 대표성과 절차의 정당성이 확보된 합의 방식과 절차를 통해서만 결정해야 한다.

그렇다면 이러한 절차가 과연 신고리 5, 6호기 공론화와 같이 3개월이나 또는 단기간에 가능한 것일까? 이재열 교수가 『명견만리』의 결론으로 강조한 "개헌을 포함한 어떤 정치제도나 또 어떠한 정책도 국민적 합의 없이는 시행하지 말아야 한다"는 명제를 새삼 되새기는 이유다.

네 번째로 제시하고자 하는 국민합의 방식은 남아프리카공화국에서 1년여 동안 숙의와 국민과의 소통을 병행하면서 마련한 열린 시나리오를 4년 후 자유선거를 목표로 실행한 '시나리오 씽킹' 방식이다.

이 방식에 주목하는 핵심적인 이유는 첫째 열린 시나리오를 통해 국민과 지속적으로 소통하고 의견을 수렴하면서 가능성

중 최상의 공동체적 선택을 한다는 점이다. 둘째 그러다 보니 단기간 내에 다수결이나 찬성, 반대 선택지 중 어느 한 가지를 선택하는 방식이 아닌 가능한 최선의 방안을 도출해나가는 절차를 밟게 되고 그 과정에서 공감과 신뢰가 쌓인다는 점이다. 셋째 공감과 신뢰의 축적은 이해당사자간의 단기적이고 물질적인 이해득실보다는 공동선에 주목하면서 상호이해에 바탕해 장기적으로 공동체 전체의 이익을 선택하는 과정을 밟아갈 수 있다는 점이다.

2014년 11월부터 2015년 상반기까지 국회 세미나에서 토의하고 정리하면서 합의의 과정을 거쳤던 '시나리오 씽킹' 합의 방법을 요약해서 제시하면 다음과 같다. 많은 학계와 에너지 산업계, 또 산업통상자원부를 비롯한 공공부문에서 전문가들의 참여가 있었지만 가장 핵심인 '시나리오 씽킹' 모델을 조사하여 정리하고 제시했던 일을 맡았던 건 김두영 아델만 코리아 수석부사장이었음을 밝혀 둔다.

또한 세미나가 끝나고 원전산업 측과 '탈핵'을 주장하는 시민사회단체가 공동으로 요구한 객관적인 퍼슬리테이터로 사회학회가 선정되었고 서울대사회발전연구원에서 퍼슬리테이터를 맡아 2015년 7월부터 2016년 6월까지 '시나리오 씽킹' 리서치가 실행되었다는 점도 함께 밝혀두고자 한다.

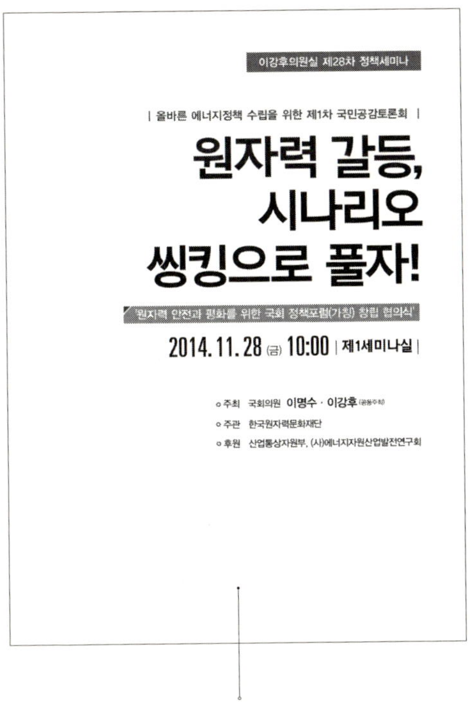

이강후의원실 제28차 정책세미나

| 올바른 에너지정책 수립을 위한 제1차 국민공감토론회 |

원자력 갈등,
시나리오
씽킹으로 풀자!

'원자력 안전과 평화를 위한 국회 정책포럼(가칭) 창립 협의식'

2014. 11. 28 (금) 10:00 | 제1세미나실 |

○ 주최 국회의원 이명수 · 이강후(공동주최)
○ 주관 한국원자력문화재단
○ 후원 산업통상자원부, (사)에너지자원산업발전연구회

2014년 11월 28일 '원자력 갈등, 시나리오 씽킹으로 풀자'라는 제하에 산업통상자원위 이강후 의원과 공동으로 주관한 올바른 에너지정책 수립을 위한 제1차 국민공감토론회 자료집 책자 표지.

원자력, 밀양송전탑 등 기존 에너지 갈등관리의 문제점

한국적 특수성을 감안할 때 에너지 산업이 민영화되어 있는 대부분의 선진 각국과는 달리 우리 에너지 산업이 대부분 산업통상자원부를 중심으로 정부가 에너지 정책을 주도하고 공기업과 공공기관이 실행하는 구조에서 대부분 에너지 현안을 둘러싼 갈등은 정부를 중심으로 한 공공부문이 관장하게 된다. 에너지 분야에서 갈등이 분출하거나 부딪쳤을 때 정부는 지역주민과의 대화나 공청회 등을 통해 의견수렴의 노력을 하고 있으나 부분적인 측면에 그쳐왔으며, 성과 또한 미약했다는 평가를 받는다. 방폐장을 둘러싼 안면도 사태와 부안 사태, 그리고 밀양 송전탑 사태와도 같은 사례는 정부와 공공부문의 대응에 있어 주민 여론수렴에 얼마나 소홀했는지를 보여주는 대표적인 사례들이다.

비판에 치우치기보다는 그 원인을 찾아 합의의 단초로 삼는 것이 중요하다.

그 첫째 이유는 정책추진시 다양한 이해관계자 및 시민들의 의견을 폭넓게 수렴하여 미리 정책에 반영하는 사전적 갈등예방보다는 경제적 보상이나 사후적 분쟁 조정과 같은 지엽적이고 물질적인 갈등관리 방안에 치우쳐 있다는 점을 지적할 수 있다.

둘째 이유는 공청회나 주민설명회 같은 형태로는 적극적인 시민 참여를 유도하기 어렵다는 점, 그리고 정부나 관련기관이 공청회나 주민설명회 등을 주최하여 주민 의견을 수렴하려는 방안을 일부 추진하더라도 반대 의견을 폭넓게 듣기보다는 이미 정해진 정책일정에 우선하여 이를 반박하고 억제하려는 태도를 보인다는 점이다. 따라서 이러한 의견수렴으로는 근본적인 갈등의 원인에 접근할 수도, 또 실질적이고 모두 공감할 수 있는 대안에 접근하기는 어려울 수밖에 없다.

셋째 이유로는 공청회나 공론조사, 합의회의 등의 결과를 정책에 실제로 반영하려는 노력이 부족한 것도 근원적으로 갈등 해소에 미흡할 수밖에 없는 요인이다.

넷째 이유는 시민참여의 도입 자체는 갈등을 해소하는 방법이 될 수 있지만 반대로 갈등을 증폭시키는 계기가 될 수도 있다는 점을 간과한다는 점이다. 정책 과정에 다양한 이해관계자 및 시민들이 참여하게 됨으로써 갈등의 구도가 더욱 복잡해지고 그만큼 합의의 중요성이 높아지는 반면 의사결정 과정의 효율성이 저하되거나 서로에 대한 신뢰가 무너지는 결과를 초래하기도 쉬워진다는 점도 잊지 말아야 한다.

이러한 역설적 현상은 시민참여의 범위와 질적 문제를 제기하게 한다. 사후적인 갈등관리에만 초점을 맞출 경우 소수 이해관계자들에 의한 협상과 조정에 국한될 수 있다는 점을 경계해야 한다. 따라서 일반 시민들의 참여를 통해 다양한 관점과 가치를 공유할 때 정책결정에 대한 책임감을 가질 수 있고 사회적 수용성을 향상시킬 수 있다는 점을 유념해야 한다. 따라서 폭넓고 대표성 있는 시민 참여가 필수적이라고 할 수 있다.

다섯째 이유는 주민 참여가 잘못 활용될 경우 오히려 더 많은 갈등을 야기할 수 있기 때문에 이해집단에 영향을 받지 않는 중재자의 존재가 중요하다는 점이다. 특히 에너지 갈등 사안의 경우 정보가 불충분하게 주어지거나 의견과 가치관 대립이 크게 나타나는 경우가 많으므로 합리적 논의와 토론과정을 이끌어 갈 수 있는 조정자 및 중재자의 존재가 필수적이다.

이를 통해 참여자들이 자신의 의견만을 주장하지 않고 참여자 모두가 '윈-윈(win-win)'할 수 있는 대안적 타협을 이끌어 내기 위해 각 분야의 대표자가 참여해 깊이 생각하고 논의하는 과정이 필수적이다. 이때 무엇보다 중요한 원칙은 상호존중과 신뢰를 바탕으로 토론을 진행해야 한다는 점이다.

하지만 이와 같은 토론의 과정에서도 에너지 갈등 사안의 특성상 가치대립적 성격이 강하고, 참여자들의 대표성이 약하며, 합의 결과에 대한 사회적 수용성이 매우 낮기 때문에 많은 시간과 노력에 비해 합의 형성의 현실성은 낮다고 볼 수도 있다.

또한 생산적 논의를 위해서는 논의 과정과 절차를 새롭게 구성될 필요가 있다. 모두가 수용할 수 있는 논의의 틀을 만들고, 모든 사람이 자유롭고 평등하게 참여할 수 있도록 해야 한다. 이념과 가치에 기반한 소모적 논쟁이 아닌 사실 자료와 현실 분석에 기반하여 대안을 마련하고 선택해가는 역동적이고 생산적인 논의의 공론장 마련이 무엇보다 중요하다.

이러한 다섯 가지 이유로 에너지 갈등해소 방안은 물론 국가의 운명이나 국민통합 차원의 합의가 필요한 상황이나 사안에 부딪쳤을 때 '시나리오 씽킹' 플래닝이 주목받고 있다. '시나리오 씽킹' 플래닝은 첨예한 갈등 상황에서 이해관계자 사이의 소모적 논쟁과 막연한 합의를 시도하기보다는, 미래 시나리오에 기반하여 현재의 전략적 대응이 어떠해야 하는지를 함께 고민하고, 합리적이고 논리적인 분석을 바탕으로 사회적 합의를 형성해 나아갈 수 있다는 강점이 있기 때문이다.

남아공 '몽플레 시나리오 컨퍼런스' 사례

국회 세미나에서 '시나리오 씽킹' 플래닝이 에너지 분야 중 갈등이 가장 첨예한 원자력 분야에 적용하기 위해 도입했다. 우연찮게도 '시나리오 씽킹' 플래닝은 1970년대 오일쇼크에 대응하는 위기 시나리오 플래닝에서 시작되었다. 특히 석유와 에너지 기업은 투자 규모와 기간을 고려할 때 사업환경의 변수와 불확실성이 매우 크다는 점에서 잘못된 투자결정이나 외부 충격시 막대한 손실 발생 가능성이 높아서 항상 가변적이고 다국적인 복합요인에 대응할 수 있는 탄력적이고 열린 전략적 대응이 필수적이다.

이를 국가 현안에 도입한 남아프리카공화국의 90년대 초 상황도 흑백 갈등은 물론 대기업과 노동자, 빈민과 중산층, 진보적인 단체와 극우 보수그룹 등 갈등이 첨예하고도 복합적이라는 특성을 가지고 있었다. 남아프리카공화국의 '시나리오 씽킹' 플래닝은 본래 권위주의적인 백인 보수정권의 독단과 고립의 상황에서 민주주의 이행 방안을 논의하기 위해 각계각층의 이해관계자들이 참여하여 미래 지향의 국가 시나리오를 도출, 부단한 국민들과의 소통을 통해 국민 갈등을 대통합으로 이끈 대표적인 성공 사례로 꼽힌다.

배경은 1990년 넬슨 만델라 석방, 아프리카민족회의를 비롯한 급진적인 해방세력의 성장, 흑인을 반대하던 정치세력들의 정치세력화의 합법적 인정 등 세계에서 유례를 찾기 힘들 정도로 첨예하게 대립하던 정치 세력들이 새로운 탈출구를 찾고 있었던 데서 시작된다. 당시 남아공은 외교적 고립이라는 극단의 상황에서 어쩔 수 없이 만델라를 석방했던 상황이었고 향후 흑백이 공존하는 평화가 정착될 것인지, 아니면 갈등이 폭발하는 혼란 상태로 빠져들 것인지 예측하기 어려운 불안이 증폭되고 있었다.

이러한 위기상황에서 백인과 흑인 정치세력들은 권위적인 인종분리주의 정책에서 민주주의로 전환하기 위한 평화적 협상을 시작하게 되고, 인종차별정책 종식을 선언되면서 남아공의 향후 10년을 구상하기 위한 국가적인 워크숍이 4차례 걸쳐 시행된다. 바로 '몽플레 컨퍼런스'로도 불리우는 '시나리오 씽킹' 플래닝이다.

구체적인 추진과정은 첨예하고도 극단적인 갈등상황을 해소해나가는 다각적인 요소로 이루어져갔다. 1991년 9월 케이프타운 몽플레 컨퍼런스 센터에서 남아공의 현재와 미래 권력을 대변할 차세대 지도자 그룹 22인이 초청 받거나 자발적으로 참여한다.

남아공의 흑인 대학 교수인 피터 르 루는 흑인 정치세력을 위한 새로운 시나리오 기획을 준비했고, 컨퍼런스 참여자는 흑인 좌파 정치가, 우파 분리주의자, 아프리카민족회의 관계자, 노동조합 관계자, 주류 경제학자, 백인 기업 임원 등 다양한 인종과 세력을 망라했다. 워크숍 참가자들은 공식적이지는 않지만 현재 권력을 잡고 있는 세력과 앞으로 권력을 잡게 될 세력을 대표하는 위치에 있는 인물들이었다.

참가자들은 6개월 이상 4차례의 컨퍼런스를 통해 시나리오를 도출하고 이를 공론화해나갔다. 처음 도출한 시나리오를 각자 지지 그룹에 가지고 가서 여론을 수렴하여 가장 현실적이고 미래지향적인 시나리오로 압축해 다시 컨퍼런스에 모였다.

객관성, 중립성, 공정성, 3가지 신뢰할 퍼슬리테이터(Facilitator) 선정

1년여 동안 숙의를 거치는 과정에서 성패를 가르는 중요한 요인은 객관적이고 중립적이며 각 이해관계자들 모두가 공정성을 공인할 수 있는 퍼슬리테이터(Facilitator)였고, 다국적 에너지기업 셸(Shell) 그룹의 아담 카헤인을 초청하여 제3자에 의한 객관적인 컨퍼런스 진행을 전적으로 위임한다. 아담 카헤인은 2000년대 후반 국내에도 초청되어 강연도 했지만 정작 그가 주도했던 '시나리오 씽킹' 플래닝보다는 '포용의 리더십'과도 같은 이미지로 소개되고 주목 받았다.

남아공 '몽플레 컨퍼런스'의 퍼슬리테이터로서 공정한 중재자 역할을 성공적으로 해낸 아담 카헤인의 국내 번역 저서『포용의 리더십』.

포도농장에 위치한 작은 리조트 이름을 따서 '몽플레 컨퍼런스'라 명명된 '시나리오 씽킹' 플래닝은 모두 3차례, 각자 지지그룹의 여론 수렴과 소통 기간까지 포함 1년여 기간의 과정에서 진행되고 94년 총선까지 5년여 가까이 모든 정당과 단체, 국민들이 공유하면서 남아공의 정치일정과 함께 한다.

남아공 분리주의 정부가 외교적 고립과 압력에 못이겨 인종차별정책 종식을 선언하고 만델라를 석방한 건 1990년 2월이었다. 극심한 갈등과 폭력사태 일촉즉발의 상황이 1년여 이상 흐른 1991년 9월 1차 컨퍼런스가 열렸고 10년 후 남아공 미래에 대한 브레인스토밍부터 진행한다. 3일간의 워크샵을 통해 30개 시나리오를 도출했고 이후 핵심 참가자들은 매주 미팅을 거쳐 30개 이야기 형식의 시나리오를 합치고 간추려 9개 시나리오로 압축한다.

2차 워크샵에서는 1차 워크샵에서 도출된 9개 시나리오를 공유하며 토론하고 검토하는 과정을 거쳐 남아공 현실상황에 적합하고 가장 중요하면서도 설득력 있는 4개 시나리오를 채택한다. 워크샵 후 참가자들은 자신이 속한 단체와 학계로 돌아가 폭넓게 공유하고 토론하면서 4개 시나리오에 대한 여론을 모은다.

이듬해인 1992년 3월 열린 3차 워크샵에서는 4개 시나리오를 재검토하고 공론화 방안을 논의하면서 다시 단순하고도 명

쾌하게 다듬어진 4개 시나리오에 '몽플레 시나리오'라고 이름을 붙인다.

5개월여가 지난 1992년 8월 4차 워크샵에서는 시나리오 타당성을 최종적으로 수렴한 성과물을 놓고 70여개 이상의 그룹과 단체에서 발표되고 공론장을 형성하게 된다. 또한 시나리오 결과물은 알기 쉽게 비디오와 소책자로 제작되어 국민들에게 배포되었고 신문과 방송 등의 뉴스를 통해 지속적으로 국민들에게 소개되며 소통과정을 거친다.

우리가 한국 갈등을 해소하고 국민통합의 전범을 마련하는데 활용하기 위해서는 운영방식의 특징과 절차에도 주목할 필요가 있다. 사실 '시나리오 씽킹' 플래닝은 에너지 다국적 기업 셸에서 차용했지만 정작 운영의 묘는 남아공의 특성을 감안한 독자적인 방식으로 진행되었다.

우선 프로젝트 팀은 시나리오를 만들기 위한 정보를 다른 곳에서 모을 필요가 없었고, 참가자들 각자가 다양한 견해를 대표하고 있었기 때문에 이들의 이야기를 경청하는 것만으로도 다양한 시나리오 구성이 가능했다.

또한 목전의 이해관계에 주목하기보다는 '10년 후의 남아공 미래'라는 주제 아래 몇 가지 모습을 상상하고 그려보는 것으로 공동의 대화를 시작한다. 구체적인 그룹의 운영은 다른 배경을 가진 사람들이 섞인 작은 그룹으로 나뉘어 브레인스토밍을 진행하고, 브레인스토밍 이후 각각의 작은 그룹들이 합리적이고 설득력 있다고 생각하는 남아공의 미래상을 전체 참가자들 앞에서 발표하는 형식으로 진행되었다.

조급한 공론화의 위험 넘어선 '10년 후의 미래'향한 합의

첨예한 갈등 속에서 다양하고도 적대적인 이해관계자들이 모인 만큼 대화의 원칙도 중요한 운영상의 배려와 조절이 필요했다. 참가자들에게 몇 가지의 대화의 원칙을 따르도록 주지시키고 약속했다.

첫째는 자신이나 지지 단체가 '원하는 미래'에 대해 말하지 말 것을 원칙으로 정했다. 또한 '그런 일이 일어날 것이라고 생각해'라든가 '그런 일은 절대 일어나서는 안 돼' 등과 같은 단정적이고 속단이 내포된 어법은 금지하도록 정하고 약속하여 지켜나갔다. 그런 원칙 위에 앞으로 일어날 수 있는 일들에 대해서만 말하도록 권장되었다. '왜 그런 일이 일어나는가?'라든가 '그 다음에는 어떤 일이 일어나는가?' 등의 질문만이 가능하도록 하여 공론장의 주제를 '남아공 모두의 미래'로 집중되도록 했다.

마지막 주목할 사안은 4년 후 남아공의 운명을 가름할 총선을 예측한 시나리오 도출의 논리적 기반이었다. 시나리오 플래닝 팀은 다음 세 가지에 대한 답변에 따라 4개의 시나리오를 도출해 나갔다.

첫째 합의가 타결되었는가? 그렇지 않다면 대표성이 결여된 정부가 출범할 것이다.

둘째 이행이 빠르게, 또 결단력 있게 이루어지고 있는가? 그렇지 않다면 무능한 정부가 출범할 것이다.

셋째 민주정부의 정책들은 지속가능한가? 그렇지 않다면 붕괴를 면하기 어려울 것이고, 새롭게 출범한 정부가 지속 가능한 정책을 추진한다면 통합적인 민주주의와 성장을 달성할 수 있을 것이다.

이러한 세 가지 답변을 통해 도출된 시나리오는 국민 누구나가 이해할 수 있는 간명하고도 상징적인 이야기 형식으로 정제되었다. 최종적으로 채택되고 다듬어진 시나리오 4개는 다음과 같다.

남아공의 실정에 맞는 운영방식과 원칙을 정해가면서 국민 누구나가 이해하기 쉽고 10년 후 남아공의 미래를 상정한 4개의 최종 시나리오는 '타조 시나리오', '레임덕 시나리오', '이카루스 시나리오', '플라맹고의 비행' 등이었다.

첫째 '타조 시나리오'는 국민적 합의가 이루어지지 않아 대표성이 결여된 상황이 전제되었다. 백인정부가 타조처럼 자신의 머리를 모래 속에 처박고 다수의 흑인 요구사항인 민주주의

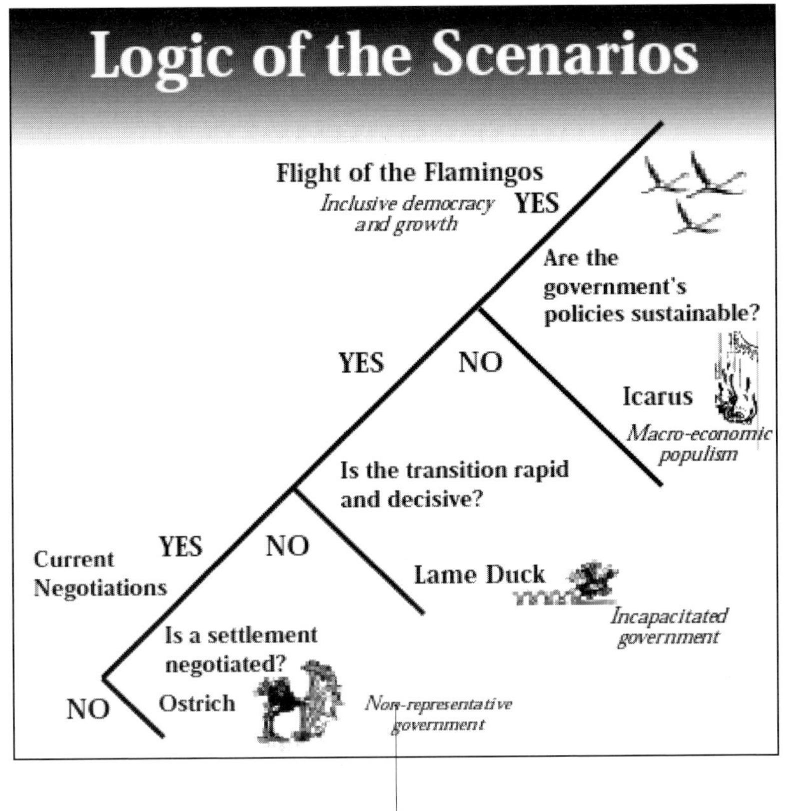

남아프리카공화국 '몽플레 컨퍼런스'에서 국민 누구나가 이해할 수 있는 간명하고도 상징적인 이야기 형식으로 정제되어 채택한 4가지 시나리오. 왼쪽 밑으로부터 오른쪽 위 방향으로 타조 시나리오, 레임덕 시나리오, 이카루스 시나리오, 플라맹고의 비행 시나리오 순이다.

이행을 거부하는 상황을 상정한 시나리오다. 백인 분리주의자들과 흑인 극단주의자의 영향력이 커지고 나라 전체가 양극화되어 혼란에 빠지는 상황으로 치닫게 될 것으로 예상된다.

둘째 '레임덕 시나리오'는 약체 과도정부가 들어서서 모든 갈등 세력의 눈치를 보지만, 그 어떤 세력도 만족시키지 못하고 개혁마저 지연되는 상황이 전제되었다. 정부는 어떤 결정도 신속하고 결단력 있게 내리지 못하는 무능력 상태로 빠져들고 투자자들은 투자를 망설이고 성장과 개발은 불확실성 속에서 활력을 잃어가게 된다.

셋째 '이카루스 시나리오'는 급진적인 흑인정부가 대중의 지지를 얻어 권력을 장악하는 상황이 전제되었다. 정부는 국민들의 사회, 경제적 요구를 급진적으로 달성하고자 하고 대중적 지지를 겨냥하면서 포퓰리즘과 선심성 공약을 제시하게 된다. 이상적 정책 성향의 복지재정 확충과 거대한 국가사업을 추진하지만 현실과 괴리되면서 재정 파탄과 경제 붕괴에 이르게 된다. 이카루스는 그리스 신화에서 날개를 만들어 섬을 탈출하지만 지나친 욕망으로 태양 가까이 날아오르다 추락하는 신화에서 따왔다.

넷째 '플라밍고 비행 시나리오'는 남아공의 모든 대표들이 연합해서 점진적으로 개혁을 이루어나가는 상상력이 전제되었다. 경제성장과 정치적 평등이 상호 보완 관계를 유지해가는 현실적이고 협조적인 시나리오다. 플라맹고는 모두가 함께 날아오를 때까지 오래 기다려 함께 비행하는 특성을 지닌 조류로 유명하다.

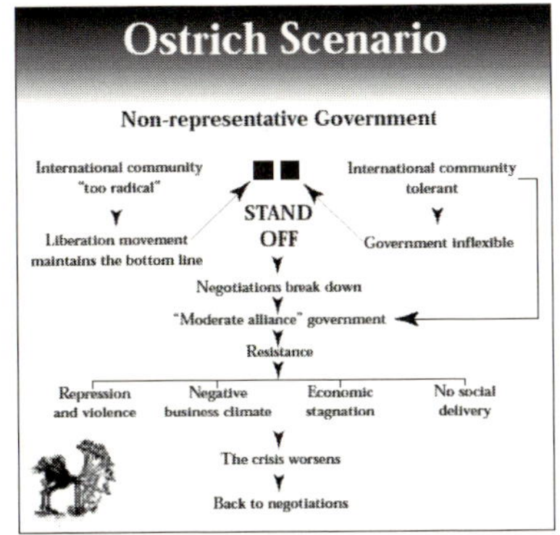

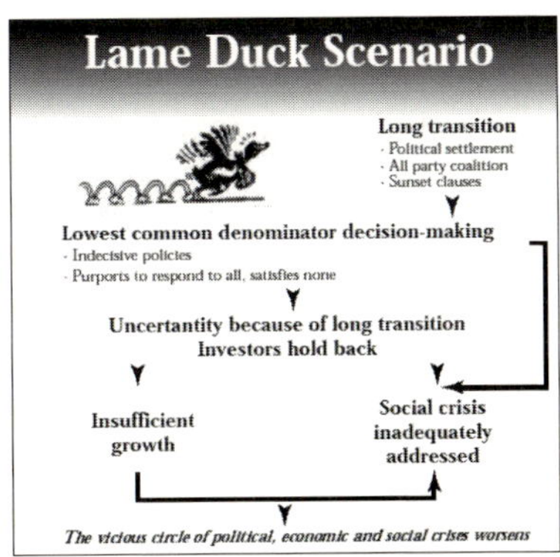

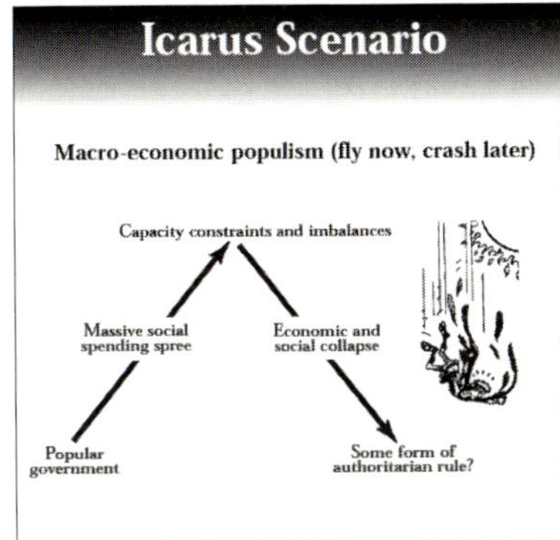

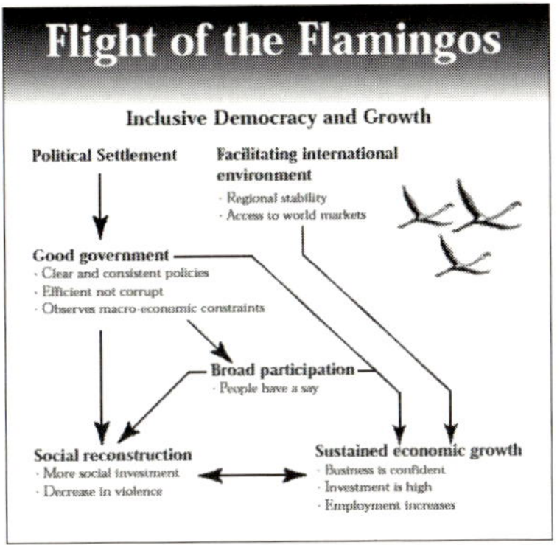

남아공의 '몽플레 컨퍼런스' 이후 12년여가 지난 2002년 '시나리오 씽킹'을 통한 합의방식을 소개하고 있는 영자지의 보도 기사. : Global Business Network, The Mont Fleur Scenarios: What will South Africa be like in the year 2002?『DEEPER NEWS』 Volume 7 No.1

우리가 '몽플레 컨퍼런스'를 모델로 한국 상황에 적합한 시나리오 씽킹을 도출하려면 남아공 '시나리오 씽킹'의 정치적 메시지가 갖는 영향력에도 주목할 필요가 있다.

1994년 4월 남아공 최초의 자유선거 실시까지 3년여 동안 4개 시나리오를 대전제로 각 정당, 정파, 시민사회단체 등이 각기 정책을 입안. 경제, 복지, 사회문화, 환경 등 부문별 정책으로 공론화하면서 자유선거를 준비하고 임한다.

1994년 4월 선거 결과 아프리카민족회의가 승리하고 만델라가 남아공 역사상 최초 흑인 대통령 탄생한다. 아프리카민족회의와 만델라의 집권은 '이카루스 시나리오' 상황을 의미했었지만 만델라 정부는 '이카루스 시나리오'의 문제점과 경고를 염두에 두면서 흑과 백 양측 세력과 각계 각층의 협력를 이끌어내는 '플라밍고의 비행 시나리오'를 채택하여 갈등과 혼란을 최소화하면서 점진적 개혁을 추진하게 된다.

경청과 토론, 상호존중감으로 이룬 '남아공 합의'의 교훈

결론적으로 몽플레 시나리오 프로젝트의 의의는 오늘 우리가 꼭 '시나리오 씽킹' 플래닝을 선택하지 않는다 하더라도 모든 합의에 임할 때 유념해야 할 시사점들을 던져 준다.

첫째 시사점은 다양하고 이질적인, 더러는 적대적이었던 그룹들이 함께 동행하고 고민과 상상력을 공유하면서 공동의 합의점에 도달할 수 있었다는 점이다. 참가자들은 구체적인 해결책에는 모두 동의하지 않았지만, 남아공 상황과 위기의 복잡성, 그리고 그 상황이 초래할 미래와 가능한 결과 등에 대해 일정한 범주 안에서 합의에 도달할 수 있었다는 점도 중요한 시사점이다.

둘째 시사점은 중립적인 제3의 조정자 역할이 중요하다는 것을 되새기게 해준다. 프로세스 진행과 팀 구성에서 주최자가 폭넓은 신뢰를 받는 사람으로 구성되었고, 퍼실리테이터가 중립적인 외부인으로 구성되어 관계자들의 의견을 경청하고 특정 집단의 시각에 편중되지 않는 워크숍을 진행함으로써 성공적인 시나리오를 도출하는 시금석이 되었다.

셋째 시사점은 참가자들의 오픈 마인드가 갈등관리의 핵심 요소라는 점을 보여주었다는 점이다. 이는 이재열 교수의 '상호 존중감'을 강조하는 지적과도 상통하며, 서로 다른 배경을 가진 참여자들이 자신의 생각과 주장을 관철하려기보다는 서로 인정할 수 있는 해결책을 찾기 위해 끊임없이 토론하고 경청하는 태도를 지키려 노력했다는 점이다. 구체적 해결방안을 서두르거나 동의를 강요하지 않고 자기 입장과 시각을 뛰어넘어 함께 대화하고 시나리오를 작업하는 과정에서 공동의 합의에 도달할 수 있었던 것이다.

넷째 시사점은 몽플레 시나리오 컨퍼런스를 통해 다양한 스펙트럼을 갖는 참석자들의 이해 기반이 확대되고 다채널의 비공식 네트워크를 구축함으로써 참가자들의 사고방식과 언어가 바뀌게 된다는 점을 확인할 수 있다. 나아가 이러한 변화는 자신들이 속한 그룹에 영향을 주고, 궁극적으로 집권 정치세력의 정책에도 긍정적으로 영향을 미치게 됨을 확인할 수 있다.

한 가지 주목할 것은 참가자들은 공식적으로 자신이 속한 그룹의 대표는 아니었지만 영향력 있고 신뢰받는 차세대 리더로 나중에 정부의 중요 직책을 맡고 중책을 수행하게 된다는 점이다. 특히 각 그룹 대표들이 자신의 사적인 견해로는 어쩔 수 없는 공식적인 대화 트랙을 보완하는 역할을 통해 공식적인 입장 밖의 완충 역할을 할 수 있었다는 점도 중요한 교훈이다.

결론적으로 몽플레 컨퍼런스는 남아공의 미래라는 대전제 아래 공통의 개념과 언어를 공유하면서 상호 이해의 기반을 확산하는 국민통합의 폭넓은 저변을 마련하는데 성공하면서 남아공이 처한 위기를 해결할 합의의 전통을 새롭게 정립하였다는 역사적 평가를 받는다.

'국민합의', '국민통합'의 열쇠는 우리 안에 있다.

'밑으로부터의 국민합의'는 이제 더 이상 미룰 수 없는 국가적 과제라는 사실은 분명하다. 중요한 것은 스스로의 냉철한 성찰과 반성을 바탕으로 저마다의 책임과 역할을 다해야 한다. 지난 '촛불정국'은 '국정농단'에 대한 국민적 심판이라는 거대담론 이면에 대의민주주의의 한계 또한 분명히 지적하고 있다는 점을 잊지 말아야 한다. 먼저 정치권과 정부를 비롯한 공공부문의 자성과 새로운 민주주의를 향한 환골탈태가 절실

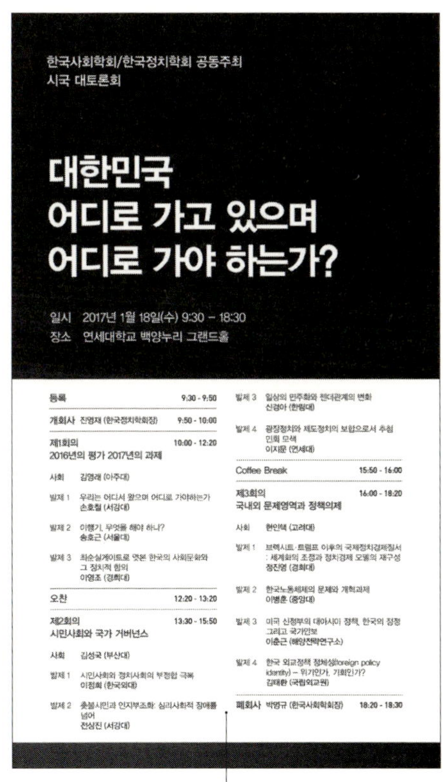

촛불과 탄핵 정국이 조기 대선으로 이행하던 지난 2017년 1월 18일 한국사회학회와 한국정치학회는 공동으로 '대한민국 어디로 가고 있으며 어디로 가야 하는가?'는 의제 아래 시국대토론회를 주최했다. 사진은 시국대토론회 포스터.

하다. 정치가 국민을 주도하고 이끌던 시대는 지났다. 정치는 국민통합의 대전제를 향한 합의의 공론장을 마련하는데 주력해야 한다. 재원을 마련하고 법과 제도를 정비해 국민이 직접 참여하는 합의의 광장을 활성화해야 한다.

'촛불'과 '탄핵 정국'이 한창 조기 대선으로 치닫던 지난 2017년 1월 18일 한국사회학회와 한국정치학회는 공동으로 시국대토론회를 주최했다. 의제는 '대한민국 어디로 가고 있으며 어디로 가야 하는가?'였다.

87년 6월민주화운동 직후 열린 시국대토론회에 이어 30여년 만에 열린 학계의 대한민국 현실 진단과 좌표를 제시하는 자리였다. 87년엔 대선 후보가 모두 참석했다 하는데 이번 토론회는 학계에서 주로 참석했을 뿐 다소 쓸쓸했다 한다. 직접 참석하여 경청하지는 못했으나 보좌진을 통해 정리된 토론 내용을 전달 받아 꼼꼼이 새기며 정리해보았다.

특히 송호근 교수(서울대, 사회학)의 토론 내용이 경종으로 오래 가슴을 울리며 남아 있다. 송호근 교수는 "이행기, 무엇을 해야 하나?"는 제하의 주제발표 후 토론에서 "누가 촛불민심을 하이재킹할 것인가?"라 적시했다 한다. 우리 정치권이 촛불민심을 제대로 담아내고 제도화할 준비와 자세가 안돼 있다는 불민에 통렬한 질타로 전해왔다. 그렇다. 정치는 이제 대의민주주의라는 권력의 자리에서 내려와 '촛불'과 '광장'을 공론

과 '합의의 광장'으로 만들어 국민통합의 길을 여는데 헌신해야 한다,

송호근 교수는 시민의 행동에도 변화를 요구했다 한다. 무엇보다 시민 스스로 자율적으로 공론장을 만들어야 한다는 지적이었다. 촛불을 켜고 광장에 나오기 전에 지금 이 시국에서 시민으로서 해야 할 의제와 책무를 숙의하고, 촛불을 켜고 난 후 집으로 돌아가는 길에 다시 모여 숙의와 공론의 장을 여는 변화가 필요하다고 역설했다 한다.

정치권에는 국정농단과 촛불시위로 취약해질 대로 취약해져서 유리알 같은 국정을 조속히 보완하기 위해 여야를 초월한 비상시국 여야 당정회의를 제안했고, 시민사회 영역에는 각 자치시군구과 광역자치단체를 단위로 지금 시국에 반드시 필요한, 또 미래를 위해 꼭 필요한 정책 아젠다를 모으는 공론장을 형성해야 한다고 역설했다고 정리되어 있었다. 전적으로 공감했고 지금부터라도 정치에 몸담아 국민의 권리를 위임 받은 한 사람으로서 당면한 책무와 소명을 챙겨본다.

그러나 안타깝게도 촛불정국에서 조기 대통령 선거로 이어지는 혼돈의 정국에서 정치권도 시민사회 영역도 송호근 교수가 제안한 이 두 가지를 해내진 못했다. 우선 정치인으로서 가장 중요한 선결과제가 바로 국민합의를 통한 국민통합에 헌신하는 책무라는 각오를 다진다. 아울러 시민사회 영역에서도

지역을 위해, 나라를 위해 무엇을 해야 할 것인지를 촉구하고 함께 해야 한다는 각오도 아울러 새긴다.

오늘 우리가 직면하고 있는 총체적 난국을 푸는 열쇠는 우리 안에 있다. 바로 합의를 향한 노력과 전진이요, 국민통합을 향한 끊임 없는 동행과 헌신이다.

제2부

숨겨진 이야기 속 숨은 사랑

정신의 옥토(沃土)를 가꾸는 갑진 눈물

신록이 성장을 향하여 푸르게 뻗어가는 성하의 계절입니다. 매번 변함없이 문학이라는 거울을 통해 우리 아산인의 삶과 꿈, 나아가 인간 보편의 정신의 성숙을 향해 나아가는 '설화문

『설화문학』은 아산인의 삶과 꿈, 나아가 인간 보편의 정신의 성숙을 지향하고 있다.

사진 온양신문

학' 발간을 다시 한 번 축하하며 함께 기뻐합니다.

지난 봄 우리는 엘리엇의 시구처럼이나 '잔인한 4월'에 참담해야 했습니다. 우리는 막 꽃봉오리를 맺을 어린 생명들을 하늘나라로 보내야 했습니다. 아직도 눈물이 마르지 않는 가슴, 그리하여 아직도 이들 넋을 기리는 숙연한 마음입니다.

우리의 삶은 나무와도 같다는 생각입니다. 한 알의 씨앗이 스스로의 몸을 썩히며 싹을 틔우고 자라서 신록으로, 꽃으로 피어나고 열매를 맺으며 다시 한 알의 씨앗을 떨구어 새 생명을 잉태하는 나무와도 같은 자연의 섭리. 이러한 섭리에 우리 삶을 비추어 봅니다.

우리의 삶이 이와 같다면 이 삶을 비추고 성찰하는 문학 또한 나무의 가르침과 같다는 생각입니다. 다만 한 알의 씨앗은 우리의 눈물이 아닐까 돌아보게 됩니다.

학창 시절 가슴에 담아 외우며 새겼던 고 김현승 시인의 시 한 편 떠오릅니다.

더러는
옥토(沃土)에 떨어지는 작은 생명이고저

흠도 티도,
금가지 않은

나의 전체는 오직 이뿐.

더욱 값진 것으로
드리라 하올 제,

나의 가장 나아종 지닌 것도 오직 이뿐.

아름다운 나무의 꽃이 시듦을 보시고
열매를 맺게 하신 당신은
나의 웃음을 만드신 후에
새로이 눈물을 지어 주시다.

- 김현승, '눈물' 전문, <김현승 시초>, 1957

오늘 우리는 이처럼 온 몸을 바쳐 우리를 싹트게 해주시고 자라게 해주신 어르신들의 덕으로 존재합니다. 그리하여 우리 또한 우리 다음 세대에게 혼신으로 풍요로운 삶터와 기름진 정신의 옥토(沃土)를 가꾸고 물려주어야 합니다. 풍요로운 삶터가 경제의 몫이라면 정신의 옥토(沃土)는 바로 문학을 비롯한 예술이 아닌가 새깁니다.

우리 아산인을 위해, 나아가 우리 문학을 사람하는 모든 분들을 향해 다시 한 번 알찬 결실을 선보이는 설화문학 발간을 진심으로 축하하고 더불어 기뻐하는 이유가 바로 이에 있다는 믿음입니다.

우리 설화문학에 배인 아산 문학인 여러분의 값진 눈물이 진정 우리의 아름다운 정심과 웃음을 지어주신다는 믿음으로 설화문학 회원 모두의 노고에 감사합니다.

2014년 6월,

<설화문학> 발간을 축하하며

나의 애창곡 '외나무 다리', 그 운명의 사랑

"당신 노래 18번은 무엇입니까?"라는 질문을 가끔씩 받는다. 사실 18번이라는 말은 일본식 표현이라서 선뜻 사용하기에는 부적절하다. 하지만 제일 애창하는 곡(曲)이 무엇이냐는 물음과 같은 뜻으로 쉽게 전달되기 때문에 '18번' 그 자체에 대한 시비보다 질문에 대한 답변을 먼저 생각한다.

그럴 때마다 난 크게 망설임 없이 '외나무 다리'라고 답하곤 한다. "외나무 다리? 그게 누구 노래요? 언제 적 나온거요?"라는 되물음이 대부분이다. "최무룡 씨 아세요? 전에 김지미 씨와 세간을 풍미했던 로맨스가 있었던 가수이자 영화배우이지요. 아참, 지금 탤런트 최민수씨의 부친이지요." 중년 이상 세대는 대답 전반부 중에 알아차리지만, 젊은 층들은 최민수 씨 부친이라는 대목에서 고개를 끄덕이곤 한다.

"복사꽃 능금꽃이 피는 내 고향
만나면 즐거웠던 외나무 다리.

그리운 내 사랑아 지금은 어디
새파란 가슴속에 간직한 꿈을
못잊을 세월속에 날려 보내리"

- 반야월 작사, 이인권 작곡 「외나무다리」 1절

이 세상에서 가장 운명적인 사랑은 무엇인가? 바로 제 3자도 삼각관계도 없는 오직 둘만의 사랑이 아닌가? '외나무다리'를 부르며 새기는 감회다. 나아가 생각에 젖는다.

어디 남녀만의 사랑이 그러한가? 부자지간이거나 모녀지간, 나아가 이웃 간의 사랑도 운명으로 여기며 충실할 때에 그 얼마나 아름다운 일인가? 분단에 처한 민족끼리의 운명적인 사랑은 오작교에서 견우와 직녀가 만나듯 엄숙하면서도 필연의 사랑이 아닌가 생각에 잠겨 본다.

내가 처음 이 노래를 알고 불렀던 것은 1960년대 초등학교 저학년 때이다. 최무룡 씨에 의해 '외나무다리'가 우리 가요사에 등장하게 된 시기가 50년대 후반이라 하니 사실 내 연령과 비슷한 세월 동안 애창되어온 셈이다.

당시 50년대는 해방 이후 나라 잃은 슬픔과 마찬가지로 분단으로 인한 실향과 이별이 보편적이고 일상적인 감정이었다. 서

사진 로맨스그레이의 LP

영화배우이자 가수로도 이름을 날렸던 최무룡 씨의 '외나무 다리'가 수록된 LP 자켓.

서히 미국을 비롯한 서구 문화가 유입되면서 블루스, 맘보, 탱고 등 새로운 리듬을 이용한 노래가 늘어난 시기이기도 하다.

시대와 세상의 아픔을 노래하는 전통 트로트와 미래의 세계를 노래하는 새로운 장르가 공존하는 상황에서 탄생한 가요인 셈이다.

우리나라 유명한 작사가중의 한 분인 반야월(가수명 진방남)씨가 작사하고 이인권 씨라는 분이 작곡을 했다는 걸 안 것은 이 노래를 부르게 된지 한참 뒤의 일이었다. 이인권 씨는 본래 가수이었지만 '꿈꾸는 백마강', '귀국선', '미사의 노래' 등을 통해 작곡가의 길로 전환하여 우리 가요사에 주옥같은 노래를 많이 남겼다.

어쨌든, 내게 '외나무다리'는 단순히 노래한 곡 부르는 것 이상의 의미와 추억이 함께 담겨 있다. 내가 국민학교 다니던 시절만 해도 고향마을에서 텔레비전을 구경할 수는 없었다. 기껏 트랜지스터 라디오를 가진 몇 집 중에 우리 집이 끼어 있었다.

그나마 들녘에 일하러 나간 일꾼들 틈에 끼어 일손을 거들 때나 노래를 주워 들을 기회가 생긴다. 라디오에서 흘러나오는 노래가 일의 고단함을 잠시라도 멎게 해주고 잊게 해주는 수단 중의 하나가 된다.

당시에는 혼돈의 시대상황과 마찬가지로, 지금의 우리 기성세대가 잘아는 흘러간 옛노래들이 창가, 유행가라는 이름으로 많이 불리웠다. '황성 옛터', '한 많은 대동강', '짝사랑', '눈물 젖은 두만강', '덕수궁 돌담길', '동백 아가씨', '과거를 묻지 마세요', '불나비 사랑' 등이었다.

우리 가요사의 주옥같은 노래들을 어린 나이에 일찍부터 흥얼거리기 시작했다. 가사 내용도 모르고 음정, 박자도 제대로 맞추지 못하면서 그저 라디오에서 들은 대로 이것 저것 불러본다. 서당개 3년에 풍월을 읊는 격이다.

그런데 그중에서도 최무룡 씨의 '외나무 다리'라는 노래가 왠지 좋아졌다. 여러 번 불러도 자꾸 부르고 싶은 노래로 이어진다. 어린이에게는 전혀 어울리지 않는 어른들 가요건만, 반복해서 듣고 부르다 보니 입에 배어 버린다. '학교 종이 땡땡땡", '송아지 송아지 얼룩 송아지', '푸른 하늘 은하수 하얀 쪽배엔' 등 학교 교실에서 배운 노래들은 음악 수업시간에만 부를 뿐이다.

그러다 보니 결국 사고를 치게 된다. 예나 지금이나 소풍 만큼은 유난히 기다리고 즐거워하는 시간이다. 우리 학교에서 원족 갈 수 있는 곳이 인근 현충사, 신정호, 아니면 심지어 가까운 학성산으로 한정된다. 대규모 학생이동에 따른 시간제약과 장소 때문이리라.

소풍 가는 곳은 뻔해도 진행 프로그램은 여전히 기다려진다. 맛있는 점심시간이 끝나면 보물찾기가 이어지고 오락시간이 다가온다. 당시 몇 백 명 되는 전체 학생을 모아놓고 학년별 또는 반별 노래선수들을 내세워 시합을 벌인다. 하필 담임선생님께서 우리반 대표로 나를 지명하신다.

떨리는 마음임에도 반 대표라는 명예 때문에 긴장을 무릅쓰고 앞에 나선다. 숫기 없는 촌놈 머리 빡빡 깎은 애숭이가 전혀 걸맞지 않게 부른 노래가 '외나무 다리'였다. 선생님께선 깜짝 놀라시기도 하고 당황스런 표정이 역력하시다. 그래도 중간에 노래를 중단시키거나 야단치지는 않으셨다. 무조건 큰 박수소리가 나오기에 난 내가 노랠 잘해서 그런 줄 착각했다.

물론 입상자에 들 수는 없었고 다 끝난 뒤, 선생님께서 걱정스런 한 말씀 하신다. "야 이놈아, 넌 하라는 공부는 안하고 언제 그런 유행가만 배웠니?" 나는 변명처럼 대답해 드렸다. "집 라디오에서 나오는 걸 그냥 알게 되었습니다. 앞으로는 학교에서 배운 노랠 더 열심히 하겠습니다."

머릴 긁적이며 얼버무릴 뿐이었고, 즐거웠던 소풍의 기억은 오락시간 전까지였다. 선생님께 꾸지람은 들었지만, 계속 내 입에선 '외나무 다리' 노래소리가 끊이질 않는다.

학교 안에서야 금지곡이 되었지만, 학교 밖에서는 어떤 노래하는 계기가 있을 때마다 자주 애창했다. 심지어 어릴 적 같은 마을 소꿉친구를 만날 때, 또 친구들하고 과수원을 다녀오면서 "복사꽃 능금꽃이 피는 내고향" 하고 부르던 기억들이 노래 속에 함께 쌓여있다.

중고교를 거쳐 보다 자유스런 대학생활에 들어서선 심심찮게 부를 기회가 주어진다. 사실상 애창곡으로 자릴 잡는다. 특히 당시 유행하던 음주 습관대로 막걸리집에서 젓가락을 두드리며 이 노랠 부르면 신이 나고 술도 잘 넘어갔다. 이미 18

번화, 아니 필생의 애창곡이 된 외나무다리가 군대생활에서도 계속 이어졌다.

외나무 다리 악보 한 번 본 적 없고 제대로 배워본 일 없었지만, 오래전 KBS 가요무대에서 생전의 최무룡 씨가 직접 이 노래를 부르던 모습을 보며 난 무척 감격스러워 했다. 강효실, 김지미 씨와 헤어져 또 다른 결혼생활을 하는 입장이면서 특유의 멋진 분위기와 고운 음색, 미성이라고 할 만한 낭랑한 목소리를 들려준다. '빨간 마후라' 등 영화에서 보았던 이미지와 오버랩되어 더욱 견고하게 18번으로 자릴 잡는다.

그 뒤로 신민주공화당의 경기 파주 출신 국회의원을 지낸 최무룡 씨의 묘한 매력에 빠져 팬이 되었고 그 분 노래의 애창자가 된다. '단 둘이 가봤으면', '꿈은 사라지고', '눈이 내리는데' 등의 노래들도 함께 좋아하는 애창곡 속에 포함된다.

이제 내 스스로 정치에 입문하고 국회에 들어오며, 여기저기 여러 사람 앞에서 노래 부를 기회가 제법 많이 늘어났다. 그럴 때마다 18번은 으레 '외나무 다리'로 장식(?)하곤 한다. 나름의 추억과 낭만과 그리움이 함께 어린 노래이기 때문이다.

오늘도 온양온천역 앞 노인 무료 급식소에 갔더니 어르신들께서 점심식사를 기다리는 시간에 노래 한 곡 불러보라고 권유하신다. 무슨 가수나 대접해주시듯이 아예 '외나무 다리'를 지정곡으로 신청해주신다. 시원찮은 노래이지만, 박수를 치고 가벼운 춤까지 추시는 모습들이 오히려 제 흥을 돋우어 주신다. 노래에는 삶의 정한(情限)이 담겨 있으니, 어르신들께서 살아오신 과거의 아련한 추억과 아쉬움들을 노래와 함께 표출하시는 듯 싶다.

가수이자 영화배우인 최무룡 씨의 상징처럼 굳어진 '외나무다리'가 어느덧 내 자신의 트레이드 마크가 되어 버렸다. 어쩌다 어울리기 위해 함께 찾는 노래방에서도 여전히 대중의 사랑을 받는 애창곡이요, 명곡의 하나로 올라 있다. '외나무 다리'. 이 노래는 이미 바뀔 수 없는 내 애창곡이 되었고 내 삶의 동반자가 되어 버렸다.

"어여쁜 눈썹달이 뜨는 내 고향.
둘이서 속삭이던 외나무 다리.
헤어진 그날 밤아 지금은 어디
괴로운 세월 속에 어이 잊으리"

- 반야월 작사, 이인권 작곡 '외나무다리' 2절

새삼 흥얼거리며 그려본다. 아름다운 운명의 만남, 그 만남을 평생 아름다이 간직하며 살아가는 인생. 그것은 부모님을 향한 사랑이기도 하고 아내와 두 아이를 향한 것이기도 하다. 또한 이웃과의 사랑이며 간절히 염원하는 남북통일을 향한 사랑이기도 하다는 깨달음을 간직한다.

2014년 8월,
살아온 날들 속 애창곡을 돌아보며

참다운 설날의 의미, '정화수井華水와 대동大同'

설이다. 곧 모두가 떨어져 살던 일가친지를 그리워하며 고향을 찾고 그리우나 곁에 없는 조상과 선인들에게 제를 지내며 기리는 우리네 가장 큰 명절이다. 어릴 적부터 '설날'의 '설'은 무슨 뜻이었을까 궁금했었다. 이제 우리 다음세대에게 물려주어야 할 소중한 가치를 고민하는 나이에서야 우리 전통과 민속을 고구하신 분들의 의견을 모아 정리하면서 '설'의 참뜻을 새삼 새긴다.

먼저 '설'은 "사리고 삼가다"는 '살'에서 비롯하였다 한다. 한자로는 삼갈 신(愼)이요, 그래서 설날을 '신일(愼日)'이라고도 일렀다. 무엇을 삼갔는가? 말과 언행이다. 새로 한 해가 시작하는 날이니 낯설고도 성스런 새로운 시간 앞에서 스스로의 말과 언행을 삼가며 우리를 둘러싼 모든 자연과 인간에게 새날 새로운 마음과 몸가짐으로 경의(敬意)를 기리며 첫날을 시작하였다. 한해 한해가 쌓여 이루는 인생을 순 우리말로 '삶'이라 했던 뜻도 늘 새날처럼 스스로 돌아보고 삼가라는 '근신(謹

愼)'의 의미가 아닌가 미루어 생각하게 된다.

다음으로 '설'은 한해를 새로이 '세우다'라는 '서다'의 의미에서 찾기도 한다. 한자로는 "열어 시작하다"는 '개시(開始)'의 날이다. 그렇다면 설날은 새날이 우뚝 서는 '선 날'이며 이를 맞는 이들에겐 한 해의 뜻을 새로이 세운다는 의미일 것이다. 이밖에도 설은 한 살 나이를 더 먹는다는 의미의 '살'의 뜻도, 또 어르신들은 나이가 한 살 더하여 늙으니 '섧다'라는 의미를 덧붙여 기리기도 했다.

진정 새로운 날을 맞고 열기 위해서 우리는 우리 자신을 돌아보며 성찰하고 반성하며 새로운 날, 새로운 자연과 새 사람들 앞에 서야 할 것이다. 오래 함께 한 사람들에게조차 새로 마주하는 마음을 갖추어 바로 서는 날, 그 날이 바로 설날의 참된 의미가 아닌가 새긴다.

설날, 설빔, 차례, 떡국과 풍요롭던 제사음식, 그리고 풍성하던 과자와 과일, 세배와 세뱃돈, "건강하거라", "공부 열심히 하거라"시던 덕담들, 우리는 이렇게 설날을 맞고 기렸다. 하지만 어머님들의 설은 우리가 일어나기도 훨씬 전에 시작하곤 했다.

새벽 일찍 일어난 어머님들은 거울 앞에 정좌하여 정한 마음으로 머리를 빗고 쪽을 가다듬은 후 바른 옷매무새를 갖춘 다음 물동이를 이고 샘을 향하셨다. 새로 시작하는 새날 처음

솟는 물을 길어온 어머님들은 집안 살림의 원천인 장독대에 정한 물 한 사발 떠놓고 두 손을 모으셨다. 정화수(井華水). 샘이나 우물에서 솟는 물이니 '우물 정(井)'이요, 가슴에서 솟는 꽃망울같은 소망이니 '필 화(華)'였으리라.

전쟁통의 어머님들은 전쟁에 나간 아들의 무사한 생환을 빌었고 경제발전 도정의 어머님들은 대처 공장으로 일하러 나간 딸들의 건강을 빌었으며, 또 시시때때로 공부하러 대처 나간 아들딸의 근학을 빌기도 하셨으리라.

새로 시작하는 새날 처음 솟는 물을 길어온 어머님들은 집안 살림의 원천인 장독대에 정화수(井華水) 한 사발 떠놓고 두 손을 모으셨다.

어찌 보면 우리는 전쟁과 가난의 고난 속에서도 끊임 없이 샘솟는 이땅 어머님들의 소망과 기도로 오늘의 대한민국을 이룰 수 있었다는 믿음이다.

설로 시작하여 대보름에 이르는 때를 정초라 하여 일손을 놓고 정월 놀이와 함께 한해 농사를 준비하였다. 새해 새날 몸과 마음을 삼가 새로운 뜻과 계획을 세우며 시작한 설은 마을의 대동과 안녕, 농촌에선 풍년을 어촌에선 풍어를 기리는 정월 대보름 축제로 이어졌다. 대부분의 마을에서 정월대보름 축제 앞에 '대동(大同)'이란 말을 붙였다는 사실은 의미가 깊다.

유교 전통사회에서 '대동(大同)'은 "크게 하나된다"는 뜻이다. "서로 다르나 다름을 인정하고 배려하면서 이루는 하나된 이상사회", 즉 '화이부동(和而不同)'으로 이루는 이상적인 공동체가 바로 '대동(大同)'이다. <예기> '예운편'(禮運篇)에서 비롯된 '대동(大同)'의 참뜻은 가족과 종족 사이에 사(私)가 없으며 쟁탈이 없고 따라서 치안을 위한 예(禮)의 규제가 필요하지 않는 소박하면서도 이상적인 공(公) 상태를 뜻한다 전한다.

공정하고 바르며 고르게 하나되는 사회, 공자 또한 <논어(論語)>에서 계씨편에서 "백성은 가난을 걱정하기보다는 불균형과 불평등을 걱정한다(不患寡而患不均 不患貧而患不安)"이라 하였고 조선후기 목민의 사표를 제시한 다산 정약용 또한 바른 목민의 자세로 이를 본받아 '증산(增産)'을 통해 '균산

(均産)'을 도모하자 일렀거늘 경제성장을 통해 복지와 분배를 이루어야 하는 오늘날까지 '대동(大同)'의 참된 의미는 아무리 강조해도 새삼스럽지 않다.

더구나 증세와 복지, 성장과 분배 등의 정책과제를 놓고 갈등과 대립으로 몸살을 앓고 있는 오늘의 대한민국으로서는 새해 새날을 시작하는 설날 '대동(大同)'의 참된 의미는 깊이 새기고 실천해야 할 덕목이 아닌가 삼가 우러르게 된다.

이제 곧 사랑하고 존경하는 일가친지가 한데 모여 설날을 맞는다. 새로운 시재를 열기 위해 성찰하고 삼가면서 새뜻을 세울 일이다. 어머님이 헌신과 사랑으로 빌고 기원하던 '정화수(井華水)' 그 샘꽃 솟아 피던 봉우리를 새기며 우리 다음세대의 안녕과 풍요를 기도하는 마음으로 맞아야 할 설날이다. 나아가 설날은 바르고 고르게 하나되어 전진하는 대한민국을 소망하며 소중한 한걸음을 내딛는 날이라는 믿음으로 맞아야 한다.

2015년 2월 13일,
설 명절을 앞두고

'현재'는 미래의 미스터리를 푸는 '선물'

매년 2월은 한 과정을 마치고 새출발을 시작하는 졸업의 계절입니다. 초등학교 학생들은 어린 티를 벗고 성장의 나래를 향한 중학시절을 시작하며 중학생들은 삶의 미래를 향해 고등학교의 문을 두드리게 됩니다. 또한 고등학교 과정을 마친 청년들은 사회로 나아가거나 대학에 진학하고, 대학을 마친 젊은이들은 평생의 삶터를 찾아 교문을 나서게 됩니다.

저 또한 이러한 나날을 겪고 때론 어려움을 이겨내고 때론 가슴 벅찬 성취의 기쁨을 누리면서 살아온 선배로서 진심으로 축하와 격려의 말씀을 드리고 싶습니다. 여러분의 장도를 축하하는 자리에서 어린 조카들과 함께 보았던 영화 한편의 대사 한 구절이 새롭게 떠오릅니다.

바로 '쿵푸 팬더(Kung Fu Panda)'에 나오는 마을의 현인 우그웨이 대사부의 말입니다. 팬더가 무시무시한 악당 표범과 맞서길 두려워하며 아버지의 국수가게로 돌아갈 궁리만 하자 대사부는 이렇게 충고합니다.

ⓒ Dreamworks@네이버 영화

단순한 오락영화를 넘어서 불확실한 미래를 여는 열쇠는 스스로의 용기와 선택이라는 교훈을 준 영화 '쿵푸팬더' 포스터.

"어제는 사라진 과거. 내일은 알 수 없는 미스터리. 오늘은 선물. 그래서 우리는 현재를 '더 프레즌트(the present)'라 부르느니라.

Yesterday is history. Tomorrow is a mystery. Today is a gift. That's why we call it the present."

여러분께선 이 영화를 코믹하게만 보셨을지 모르지만 저는 여러분 앞에 닥친 불안한 미래, 즉 수수께끼와도 같이 불확실한 미래를 여는 열쇠는 바로 오늘 여러분의 용기와 선택에 있다는 교훈을 말씀을 드리고 싶습니다.

어쩌면 취업이 어렵고 장래가 불투명한 현실 속에서 졸업은 방황과 고통으로 인식되고 있는 것이 오늘 여러분의 현실일지도 모릅니다. 하지만 우리 사회와 정부에서도 일찍부터 이러한 문제를 알고 있었고 여러분이 진정 열정을 가지고 학력과 학벌, 또는 스펙과 상관없이 능력을 갖춘다면 지금까지처럼 고통 받거나 차별 받지 않고 제대로 대우받으면서 살아갈 수 있는 제도를 준비하여 시행하고 있습니다. 바로 올해부터 전격 도입하는 국가직무능력표준(NCS, National Competency Standards)입니다.

아마 여러분들은 어린 시절 '미운오리새끼'라는 동화를 누구나 한번쯤 접해 보셨으리라 생각합니다. 안데르센의 '미운오리새끼'의 나라 덴마크는 유엔 선정 세계 행복지수 1위를 비롯, 청렴지수와 주민만족도 1위, 또 국제경영개발원(IMD) 선정 세계 인재 리포트 2위 등 교육분야에서도 주목받고 있습니다.

"느긋하게 함께 어울리기"인 '휘게(Hygge)'를 화두로 서열과 성적, 또 스펙으로 상징되는 과열 경쟁에서 벗어나 '미운 오리'가 스스로의 잠재력과 적성을 찾아 자신만의 개성과 능력을 찾아 '백조'로 날아오르는 상징적인 나라가 바로 덴마크입니다.

덴마크 교육의 특징 중 하나가 바로 오늘 우리 대한민국에서 십여 년이 넘도록 연구와 시범사업 끝에 올해부터 전격 도입하는 NCS, 즉 국가직무능력표준입니다. 이미 선진산업국인 영국을 비롯한 각국에서는 대학이나 스펙보다 국가직무능력표준에 의거하여 교육하고 채용과 승진, 또 이직이나 실직시에도 평생교육 차원의 NCS를 근거로 재취업하거나 평생직업을 찾아갈 수 있도록 하고 있습니다.

NCS란 산업현장에서 업무를 수행하기 위해 요구되는 지식, 기술, 태도 등의 직무능력을 국가가 체계적으로 도출해 표준화한 것을 말합니다. 한국산업인력공단은 지난 해까지 한국직업능력개발원과 함께 전 산업 분야의 797개 직무표준과 직무기술서, 평생경력 개발경로 등이 담긴 활용 패키지를 개발했습니다. 따라서 NCS 기반 역량중심 채용이 정착된다면 학벌과 스펙을 쌓기 위해 시간과 비용을 허비하는 현실을 줄일 수 있고, NCS를 통해 우수한 직업교육훈련을 받을 수 있으며 자격을 취득한 뒤 취업까지 이어지는 기반이 구축됩니다.

NCS는 또한 근로자의 노동시장 이동도 유연하게 해줄 것으로 기대되며 여러 기업에 활용될 수 있는 공통 프로그램을 이수하면 다른 기업 업무에 적응하는 데도 도움이 줄 수 있습니다. NCS를 기반으로 국내 노동시장이 연공이 아닌 직무 중심으로 개편된다면 중장년층이 정규직에서 조기 퇴직하고 비정규직으로 재취업하는 노동시장의 구조적 문제도 해소할 수 있을 것으로 기대됩니다.

올해 작년보다 2.9% 늘어난 1만7000명을 채용하는 공공기관부터 NCS 기반 채용을 확대하고 있고, 오는 2017년까지 특성화고와 전문대를 비롯한 모든 훈련기관 교육과정에 NCS를 도입하게 됩니다.

NCS는 기술교육분야 뿐만 아니라 회계 전산, 기획 홍보 등 대부분의 기업활동 분야를 망라하고 있으며 앞으로 새로운 직종과 직업분류마다 단계별로 실무능력을 표준화하고 평가할 수 있도록 정착될 것으로 전망됩니다.

따라서 이제는 우리나라에서도 이러한 NCS 도입을 계기로 스스로 좋아하면서 일할 수 있는 분야를 선택하고 숨겨진 자신만의 잠재력을 찾아 계발하면서 미래를 열어가는 시대가 올 것으로 생각합니다. 교육과 인재양성, 나아가 직업훈련에 있어 세계적인 평가를 받고 있는 덴마크가 바로 모범적인 사례입니다.

이제 이러한 변화의 시기에 교문을 나서고 새로운 미래를 향하는 졸업생 여러분들은 안데르센의 나라 덴마크의 '미운오리새끼'가 과연 무엇을 상징하는지 한번쯤 깊이 생각해주시기 바랍니다. 바로 그것은 어떤 관습으로도 억압할 수 없는 여러분 자신 속에 깊이 내재된 자유의지이자 하늘이 내려준 야성(天性)이 아닐까 생각합니다. 그리고 그 열쇠를 찾는 시간은 졸업과 새출발의 바로 지금 이 순간이 아닌가 생각합니다.

'쿵푸 팬더'의 우그웨이 대사부의 충고대로 '현재(Present)'는 미래의 미스터리를 푸는 '선물(Present)'이라는 믿음입니다. 우리 졸업생 여러분들이 오늘 이 순간 '현재'라는 선물을 잘 활용하셔서 하늘에서 내려준 소명을 찾아 한 마리의 백조로 훨훨 자유로이 날아오르는 미래를 반드시 이뤄내시길 기원합니다.

2015년 2월,

졸업 시즌을 맞아 우리 아이들의 미래를 생각하며

고향을 지키는 우리 '예덕선생' 형님

다녀온 그 순간 다시 향수와 그리움이 시작되는 곳이 바로 고향이다. 고향은 늘 연인처럼 마음 속에 늘 웅크리고 있다. 힘들고 외로울 때면 그립고, 또 즐겁고 기쁜 일이 있어도 성큼 달려가 안기고 싶은 곳, 그곳이 바로 고향이다. 하지만 정작 마음과 달리 선뜻 달려가지 못하는 곳이 고향이고 그럴수록 더 그리워지는 고향이다. 그래서 근방에서 행사가 있거나 부러 잠시 짬을 내서 일없이도 찾곤 하는 곳이 또한 고향이다.

마을 어귀에 들어서면 끝모를 기운이 온몸을 감싸 휘돈다. 그 기운은 돌아갈 수 없는 피안(彼岸)의 세계에 대한 사모침을 불러 일으킨다. '오백년 도읍지를 필마로 돌아드니 산천은 의구하되 인걸은 간 데 없네'라 노래한 고려말 충신 야은 길재의 싯 구절처럼이나 이제 둘 곳 없는 충정의 마음. 그래서 그냥 숨을 들이 쉬고 흙을 딛고 산을 우러르고 내를 굽어보는 것만으로도 형용할 수 없는 그리움에 휩싸이게 된다.

고향 신창에 들면 가장 먼저 백제시대 산성(山城)에서부터 우리 마을을 넉넉하게 감싸온 학성산(鶴城山)의 맑은 영자(英姿)가 변함 없이 반긴다. 산 밑의 오랜 신창 향교와 백년이 훨씬 넘은 모교 신창초등학교도 변함없이 한 폭의 그림처럼 자리를 지키고 있다. 세월의 변화에 크게 아랑곳하지 않은 채 자랑스러운 지역의 역사와 전통과 문화를 고스란히 끌어안고 있는 게다.

더하여 고려시대 창건됐다 전하는 인취사의 아담한 모습과 이조 중기 영의정을 지낸 김육(金堉)의 송덕비, 대원군의 척화비 등도 깊은 역사의 숨결과 유서를 전해준다. 근자에는, 이조 말 신창현청(新昌縣庁)이 있던 터에 역사 소공원이 조성되었고, 이제 두 해 동안 신창현감을 지낸 우국충신 면암 최익현 선생의 송덕비 건립이 추진되고 있다.

6·25 당시 충청의 격전지 중 하나였던 한치고개는 신창휴게소로 바뀌어 전투하다 아깝게 산화한 경찰관들의 혼백을 모시는 충혼탑(忠魂塔)이 우뚝하고. 다른 농촌지역과는 달리 고향마을 번성하게 해주는 순천향대학교의 웅지(雄志)는 고향에 대한 새로운 자부와 긍지를 세워준다.

이제 고향은 옛 모습을 찾아볼 수 없다. 옛 초가집과 논밭, 달구지 덜컹대던 길은 간데없고 모두가 현대식 주택과 건물이 들어서 있다. 더 큰 변화는 고향마을이라 해도 아는 분이 별로 없어져가는 아쉬운 현실이다. 경로당을 찾을 때 늘상 반가이 맞아주시는 어르신들과 몇몇 마을 토박이 분들을 제외하고는 대부분 낯선 얼굴들을 만나게 된다. 내딴엔 그 분들이 이방인들인데, 가끔씩 찾는 내가 오히려 낯선 사람이고 이상한 얼굴로 보이는 생경함에 소스라치곤 한다.

그러다가도 고향이 그리울 때 흥얼거리던 옛 노래들을 떠올리면 다시 고향의 정취에 젖곤 한다. 최무룡의 '외나무 다리', 박재홍의 '유정천리', 최갑석의 '고향에 찾아와도', 조영남의 '옛 생각', 트윈폴리오의 '하얀 손수건', 김세환의 '옛 친구', 고

고향 신창 생가 앞 벌판과 산기슭에는 순천향대학이 들어서 청년들로 북적이는 변화를 가져왔다.
사진은 순천향대학교 전경.

사진 순천향대학교 네이버 블로그

향에서 자라며 불렀고 고향에 돌아올 때마다 또 불렀던 애창곡들이다. 마치 고향을 사모하는 나 하나를 위해 만들어진 듯한 착각에 빠지게도 한다. 그럴 때면 어릴 적 장항선 열차가 기적을 울리며 지나가던 그 시간의 플랫폼에서 과거로 가는 열차에 올라 타고 있는 듯한 내 모습을 발견하는 듯하다.

그 순간 산같은 이가 문득 뒤따라 열차에 오르는 듯한 이가 한 분 계시다. 늘상 마을 어귀에서 고향을 지키는 산처럼 듬직하게 마주치는 한 사람. 이제 육십 년이 넘도록 정을 나누어 온 고향 선배 'L형님'이시다. 고향에서 태어나 한 번도 이 마을을 벗어난 적이 없는 L형님은 늘 옛 고향으로 가는 추억 열차의 동반자가 되곤 한다.

이제 이순을 바라보는 어르신임에도 장승처럼 우뚝한 기상으로 고향을 지키고 계신다. 기실 고향의 산 증인이요, 수호자이기도 하다. 고향에 궂은 일이나 어려운 일이 있을 때마다 소매와 잠뱅이 걷어 부치고 앞장서시는 고마운 분이기도 하다. 산불이 나면 먼저 뛰어 올라가고 폭우가 쏟아져 개울이 넘쳐나도 L형의 뚝심은 큰 힘이 된다. 동네에 초상이 나면 앞장서 상여꾼이 되주시고, 묘를 쓰거나 궂은 뒤치다꺼리조차 형님의 손길과 발길이 안거치는 일이 없다.

황우의 '역발산기개세(力拔山氣蓋世)', 즉 '힘은 산을 뽑을 만하고 기운은 세상을 덮을 만하다'는 중국의 고사와도 같은 형님의 이야기는 어린 시절부터 살아있는 전설처럼 전해온다. 형님은 우리 마을 제일 부잣집의 맏아들이었고, 늘 힘자랑 자리에 빠지질 않았다. 팔씨름과 같은 단순한 힘자랑에서부터 씨름이든 들일이든 힘으론 그 형을 당해낼 장사가 없었다. 어른들 말씀으론 부잣집 귀한 아들 정말 잘 키워보려고 이것저것 보약을 많이 먹이다 보니 후유증으로 지적인 능력이 몇은 대신 기골이 장대하여 근력과 체력이 뛰어났다는 말씀을 하시곤 했다.

우리가 보기에도 초등학교에 입학은 했지만 제대로 수업은 받지 않고 주로 산으로 들로 나가 노는 게 일이었다. 수업시간에 메뚜기나 풀벌레는 물론 개구리, 뱀, 새, 집게벌레 같은 동물을 시시때때로 잡아 교실까지 가져와 친구들을 놀래키기 일쑤였다. 학교나 선생님들께서도 아예 그러려니 웃어 넘치곤 했다. 그도 그럴 것이 부모님으로부터 안타까운 속사정을 들어보면 선생님께서도 혼내거나 야단만 칠 수도 없는 노릇이었다.

비가 조금씩 내리던 어느 여름날이었다. L형이 심각한 표정으로 황소 뒤를 열심히 따라가고 있었다. 황소 주인이 왜 따라오느냐고 물으면 대답은 없고 무조건 끈질기게 쫓아온다는 것이었다. 이 광경을 멀찍이 지켜보던 내가 달려가서 그 이유를 물은 즉, 황소몸통 뒤편에 붙은 큰 물건(?)이 이리저리 흔들리고 금방 떨어질 것 같은데 딴 사람이 못 줍도록 자기가 맡아놨다는 대답이다. 허! 그 물건이 떨어져서 직접 주웠다는 얘기는 그 어느 누구에게도 들은 적이 없는데, 그 후에도 형의 여러 차례 이리저리 황소 뒤를 따라 가던 모습을 목격하곤 했다.

워낙 힘이 세서, 당시 중학교 입학시험 과정에 포함된 '체력검정'에서는 당연히 으뜸이었다. 예를 들면 '공 멀리 던지기'종목이 있었는데, 그 형이 던진 공이 개교 사상 처음으로 학교 운동장 울타리를 넘어가 버린 적도 있었다. 학교 필기시험으로는 어려웠지만 당시에는 보결입학이 있어서 어엿한 중학생 모자를 쓰고 돌아다니는 형을 볼 수 있었다. 부모님께는 늘 효자라고 소문이 났고, 부잣집의 어려운 농사일을 거드는 데는 누구보다 큰 일꾼이라는 소문이 근동까지 자자했었다.

안타까운 건 집안의 넉넉한 배경으로 어렵게 신부를 데려왔어도 얼마 지나지 않아 색시가 달아나 버리고 또 다른 여성으로 신부가 바뀌는 일이 반복된 일이었다. 한 때는 우리 누나가 예쁘다고 우리 집에 와서 밤늦게까지 마루턱에 앉아 누나를 기다리는 순정으로 우리 식구들을 당혹하게도 했었다. 그렇다고 아무도 형을 미워하거나 나무라질 않았다. 결국 남들처럼 행복한 결혼생활을 못한 채 세월이 자꾸 흘러 부모님도 돌아가시고 지금은 그 때 그 집에서 덩그러니 홀로 홀아비 삶을 꾸려가고 있다.

그래도 여전히 고향산천을 지키며 고향마을을 위해 아낌없이 땀 흘리고 있는 고향의 영원한 일꾼으로 남아 있어 여간 반갑고 든든한 일이 아니다. 고향동네에 갈 때마다 꼭 만나고 싶은 분 중 한 사람이 바로 그 선배, 그 형님이다.

"형! 형도 늙고 나도 늙었지만 형은 아직 건강하고 힘도 세니까, 고향을 위해 꼭 오래살고 좋은 일 많이 해요!"하며 악수를 청하면 크고 두꺼운 손으로 내 손을 꽉 잡는다. 햇볕에 그을린 얼굴에 언제나 사람 좋은 소웃음을 지으며 팔을 잡아당기면 십중팔구 끌려가지 않을 수 없다. 문득 고향에 가고 싶도록 끌어당기는 힘의 상당 부분은 그 형으로부터 나온다고 해도 과언이 아니다. 그 형을 만날 때마다, "고향을 위해 꼭 필요한 분이 형님이시니 정말 오래 살고 건강하셨으면 좋겠다"는 바람을 잊지 않고 드린다.

고향이 우릴 반겨주는 마음은 언제든 변함이 없어 보인다. 마을의 겉 모습과 사람들이 달라질 뿐이다. 고향을 그저 끝없이 지키고 가꾸는 그 형이 동네에 살고 있는 한 고향을 향한 발걸음은 더그칠 수 없고 더 그리워 찾으리라 믿는다.

오늘은 마침 석양이 고향마을을 추억처럼 물들여준다. 고향의 밤하늘은 얼마나 더 아름다울까? 새벽 닭 울면 깨어나는 미명 속 아침 노을은 또 얼마나 고울까? 문득 L형을 떠올린다. 어렸을 때 함께 술래잡기 하고 뛰놀던 그 형은 지금 이 시간 무얼 하고 있을까.

조선 후기 실학자이자 문장가 연암 박지원 선생의 '예덕선생전(穢德先生傳)'을 되새긴다. 선귤자(蟬橘子)라 불리우던 선비 이덕무 선생에게 예덕선생이라는 벗이 있었는데 종본탑(宗本塔) 동편에 살면서 분뇨를 쳐 나르는 역부의 우두머리 엄행수(嚴行首)였고 그리하여 '더러울 예(穢)'의 뜻을 이름에 붙였다.

이덕무의 제자 자목(子牧)은 자신의 스승이 사대부와 교유하지 않고 비천한 엄행수를 벗하자 노골적으로 불만을 표시한다. 그러자 이덕무는 이해(利害)로 사귀는 시교(市交)와 아첨으로 사귀는 면교(面交)가 오래 갈 수 없는 것이며, 마음으로 사귀고 덕을 벗하는 도의의 사귐이어야 함을 강조하며 제자를 혼낸다.

대체로 사는 모양은 어리석은 듯이 보이고, 하는 일은 비천한 듯하지만 남이 알아주기를 바라지 않고, 남에게 욕먹는 일이 없으며, 볼만한 글이 있어도 보지 않고 종고(鐘鼓 : 종과 북)의 음악에도 귀 기울이지 않는다.

이처럼 타고난 분수대로 즐겁게 살아가는 엄행수야말로 더러움 속에 덕행을 파묻고 세상을 떠나 숨은 사람을 의미한다. 그가 하는 일은 더러워 보이나 그 방법은 지극히 향기로우며,

그가 처한 곳은 더러운 듯하나 의를 지킴은 꿋꿋하니 그를 보고 부끄러워하지 않을 사람이 몇이나 되랴. 이에 감히 엄행수를 예덕선생이라 부른다는 이야기가 바로 연암 박지원 선생의 '예덕선생전(穢德先生傳)'이다.

오늘날처럼 혼탁하고 신의와 의리가 바닥에 떨어지는 세상에 고향의 L형님과도 같은 우직하고도 믿음직한 모습이 우러러지는 까닭이다. 이 봄 고향을 지키시는 산같은 형을 뵈러 가야겠다.

2015년 12월,
고향을 지키는 형님을 가슴 깊이 기리며

현대사의 영욕에 가린 아산 출신 작사가 조영출의 궤적을 찾아서

늘상 바쁜 일상에 쫓기다보면 좀처럼 텔레비전을 볼 짬이 나질 않는다. 여론이나 민심 현안에 주목하다 보니 뉴스를 접하는 게 고작이다. 그밖엔 가끔씩 월요일 밤 가요무대나 늦은 시간대에 편성되는 역사나 문화, 자연을 테마로 한 다큐멘터리(Documentary) 프로그램, 더러는 건강 프로그램 정도이다. 그중 가요무대는 숨가쁜 공적인 일정에 내몰려 메마르기 십상인 정서를 되살려 주거나 아련한 추억에 잠기게 해주는 고마운 시간을 선물하곤 한다.

만일 우리 삶에 노래가 없었다면 얼마나 건조하고 삭막했을까? 다른 여흥거리도 많지만, 특별히 시간을 내지 않고도 쉽사리 접할 수 있고 함께 부르거나 따라 부르면서 즐길 수 있으니 어쩌면 가장 서민적이면서도 일상 가까운 문화생활이 아닌가 고맙다. 노래 가운데서도 가곡이나 팝송보다는 대중 가요가 친근하면서도 심금을 울리는 연유는 우리 고유의 정서가 깃들어 있고 가장 서민적인 애환을 공감할 수 있어서가 아닌가 싶다.

요즘 참 노래 잘하는 사람들이 많다. 가수 뺨칠 정도를 넘어 아예 그 노래를 부른 가수보다 더 잘 부른다는 느낌을 주는 경우가 많다. 평소 노래를 보고 듣고 배우고 직접 부르는 기회도 많고, 고단한 삶 속에 노래를 통해 위로와 위안을 삼으려는 분들도 상당하다.

더욱이 흘러간 가요 속에는 우리 민족의 애환과 삶의 발자취가 고스란히 배어 있다. 노래마다 시대 사회의 배경과 저마다의 사연은 다르지만, 내포된 의미와 가치는 나름의 깊은 울림을 전한다. 과거 가요의 대부분은 정말 시(詩)적인 가사 속에 향기와 아름다움이 넘치는 멜로디로 구성되어 있다. 더하여 뛰어난 가수들의 가창력이 대중들을 심금을 울리고 위안을 주는 동심원 역할을 하였으리라.

"강남 달이 밝아서 임이 놀던 곳" 하고 부르는 1930년대의 '강남달' 노래가 우리나라 최초의 대중가요로 가요무대에 소개된다. 일제에 의해 금지가요 제1호가 되었던 '황성옛터'가 가끔씩 가요무대를 빛내기도 한다. 이난영의 '목포의 눈물', 황금심의 '알뜰한 당신', 김정구의 '눈물 젖은 두만강', 백년설의 '나그네 설움', 고복수의 '짝사랑'과 '타향살이', 남인수의 '감격시대'와 '애수의 소야곡' 등과도 같은 일제강점기의 노래들이 이제 고인(故人)이 된 가수들을 대신해 후배가수들의 목소리로 그 시절 그 노래의 감흥을 새롭게 울리곤 한다.

그 외에도 '신라의 달밤', '울고 넘는 박달재', '타향살이', '단장의 미아리고개', '비내리는 고모령', '과거를 묻지 마세요', '봄날은 간다' 등 그야말로 주옥같은 노래들이 가요무대를 통해 시청자들의 심금을 다시 울리곤 한다. 말 못하던 나라 잃은 서러움을 대신하여 남녀 간의 사랑과 이별, 방랑의 아픔과 고향 잃은 슬픔으로 비유되는 의미와 곡조가 더 깊고 서럽게 전해오기도 한다.

일주일에 한 번씩 방영되는 가요무대를 애청하다 보니 서당개 3년이면 풍월을 읊듯이 이젠 가요사의 지식에도 웬만한 음악평론가 못지 않을 정도로 '반풍수(半風水)'는 되지 않았나 싶다. 꼬맹이 때부터 뜻도 내용도 모르면서 그저 따라 부르며 몸에 익은 트랜지스터 라디오 시절의 추억도 한 몫 한 듯 싶다. 최무룡의 '외나무다리'가 지금껏 나름으론 손꼽는 애창곡이 된 사연도 이런 연유에서다.

사시사철 변함없는 진행자 김동건 아나운서가 대중가요사의 한 장 한 장을 넘겨가며 구수한 얘기를 곁들이는 진행의 매력도 가요무대를 장수프로로 만드는 매력 중 하나이다. 때로는 아나운서의 설명이 나오기 전에 가요사 해설을 내가 먼저 하는 경우도 있을 정도다.

주로 식민지 설움과 통속적 비극이 묻어나는 신파극 노래들을 자주 접하다보면 어느 정도 가요사 정리가 된다. 소위 트로트 풍이 대부분이지만 가요 유형과 시대별 분류, 또 작사자나 작곡자, 가수별 분석과 종합이 제법 이루어지는 수준에 이르렀다.

그 중 우연찮게 작사자 조영출(趙靈出)이라는 분의 이름과 사연을 만나게 된 건 우리 영욕의 현대사와 함께 애잔한 사연을 일깨워 준다. 조영출이란 분이 작사한 곡들은 누구나 귀에 익은 우리 가요의 금좌옥조로 꼽힐 만한 곡들이란 사실에 새삼 놀란다.

"백마강 달밤에 물새가 울어, 잃어버린 옛날이 애달프구나."

- '꿈꾸는 백마강'

"영산강 안개 속에 기적이 울고 삼학도 등대아래 갈매기 우는"

- '목포는 항구다'

"울려고 내가 왔던가 웃으려고 왔던가,

비린내 나는 부둣가에 이슬 맺은 백일홍"

- '선창'

"울고 왔다 울고 가는 설운 사정을 당신이 몰라주면

누가 알아주나요."

- '알뜰한 당신'

"어서 가자 가자 바다로 가자, 출렁출렁 물결치는 명사십리 바닷가"

-'바다의 교향시'

"한송이 눈을 봐도 고향 눈이요. 두송이 눈을 봐도 고향 눈이네."

-'고향설'

"남쪽나라 바다 멀리 물새가 날으면,

뒷동산에 동백꽃도 곱게 피는데"

-'고향초'

"바닷물이 철썩철썩 파도치는 서귀포,

진주 캐는 아가씨는 어데로 갔나."

-'서귀포 칠십리'

"진주라 천리 길을 내 어이 왔던고,

촉석루엔 달빛만 나무기둥을 얼싸 안고"

-'진주라 천리길'

지면에 다 소개할 수 없을 정도로 주옥 같은 조영출 작사가의 대표작을 든다면 '낙화유수', '울며 헤진 부산항', '어머님 전상서', '목단강 편지', '꼴망태 목동', '고향소식', '역마차' 등 제목만으로도 흥얼거려지는 애창곡들이 즐비하다.

이쯤 되면 가히 우리 가요사의 우뚝 솟은 큰 산맥이라 할 만 정도의 대가라 할 수 있다. 대부분 가사가 하나의 서정시(敍情詩)와 같고, 마치 한 폭의 그림을 보는 듯하다. 당대 식민지 비극의 리얼리티를 감안한다면 아무래도 밝은 느낌보다는 애잔하고 설움과 한(恨)이 주된 정조를 이루고 있음도 의미가 깊게 전해 온다. 짙은 향수와 향토색 속에 유난히 바다, 항구, 물새, 파도 같은 풍경과 정취들을 배경으로 한다.

한 가지 더 뜻 깊은 사실은 이 천재적인 작사가가 1913년 충남 아산 영인 출신이라는 점이다. 영인 출신이라 “영인에서 태어났다”는 의미를 담은 ‘영출(靈出)’이라는 본명의 유래를 가지고 있는 작사가 조영출, 시인과 희곡작가로 활동하면서 조명암, 김다인, 이가실, 금운탄 등 여러 예명과 필명이 생겨난는 기록이다. 마침 1913년은 유명한 가요 작곡가인 박시춘, 손목인, 김동진 씨 등과 같은 분들이 함께 태어나고 활동한 시기의 동반자이기도 하다.

비운과 풍운의 인생역정을 보여주었던 조영출씨의 시와 산문이 수록된 『조영출 전집』

사진 교보문고

조영출 선생이 삶의 궤적을 추적하기 위해 지역의 몇 분들께 수소문해 보니 일부 기억하고 있는 분들이 계셨다. 하지만 일찍 고향을 떠났고 더구나 친일파, 월북작가라는 한계 때문에 기록도 기억도 제대로 남아 있질 않았다. 한때 노래비(碑)를 세우려는 움직임도 있었으나 행적과 관련한 논란이 많아 무산되었다 한다. 한국 가요사의 산 증인이라 할 정두수 선생이 쓴 「가요 따라 삼천리」라는 신문연재 내용을 읽고 난 뒤 궁금했던 사연들이 조금씩 채워져 갔다. 거기에 지역 원로 한 분이 주신 『조명암 시선집(詩選集)』(이동순 편저, 2003 발행)을 참고하면서 적잖은 궁금증들이 풀어지기 시작했다.

해금(解禁)이 되어서야 출간된 시선집이기 때문에 그간 금기시되었을 조영출 선생의 발자취부터 되짚어 본다. 조영출 선생은 1913년 영인에서 태어나 1928년 금강산 건봉사로 출가하여 승려가 된 후 1930년경 만해 한용운의 추천으로 보성고보에서 수학하게 된다. 이때부터 공식적인 문학활동과 작품 발표를 시작한다.

1932년 시 '밤'을 조선일보에 발표하고 드디어 1934년 동아일보 신춘문예 시부분에 '동방의 태양을 쏘라'는 시로 당선된다. 연이어 노래시, 즉 작사인 '서울노래'를 발표하면서 작사가로 본격 데뷔한다. 1935년 OK레코드사 전속 작사가로 일하면서 '알뜰한 당신', '선창' 등을 발표하고 한국 가요작사가 1세대로서 태두로 기록된다.

1936년에는 일본 와세다 대학 불문과에 입학하여 문학할동을 지속하다 해방된 이후 친일파 재판이 한창일 때 1948년 월북을 택하고 만다. 북한에서도 1957년 「조령출 시선집」과 1961년 「조령출 희곡집」을 발간하는 등 문학할동을 계속하고 1993년 80세로 세상을 떠났다는 사실을 책자에서 확인하게 되었다.

여기서 『조명암 시선집(詩選集)』을 낸 이동순 교수(영남대, 시인)의 본문 해설은 조영출 선생의 문확과 가요사의 평가를 확인하게 해준다.

"조명암의 문학은 현대시와 가요시 작품, 그리고 희곡 창작 할동 등 세 가지로 대별된다. 시인 조명암의 이름이 현대시 장르보다 훨씬 크게 부각되고 있는 곳은 바로 가요시(작사) 분야이다. 해방전 시인은 이미 500여 편이 넘는 노래가사를 작사함으로써 식민지 대중문화의 방향성 설정과 가요시 위상의 정착에 커다란 공적을 쌓아올렸다. 가요시 창작시인으로서 조명암이 가장 즐겨 다루었던 주요 테마는 역사와 현실에 관한 탐구 및 생활정서와 묘사의 탁월함이다."

이러한 업적과 평가에도 불구하고 그의 희미한 족적은 참으로 안타깝기 그지 없다. 친일파에다 북한체제 옹호론자가 되었고 고인이 되었으니 우리 대한민국과 고향 아산에 직접 다시 찾아오기는 어렵다. 그나마 노래만은 상당 기간 동안의 금지곡에서 풀려나 대중들에게 다시 불리우고 사랑받으며 이어지니 그나마 다행이다.

그의 이념적 행적은 비판과 비난의 대상이었지만, 이 주옥같은 가요들은 지워질 수도 없고 우리 문화사의 한 줄기를 이루며 애창되고 있으니 어떤 식으로든 제대로 평가가 이루어져야 하지 않을까? 심심찮게 그의 곡들이 가요무대에 울려 퍼지면 우리는 이념과 비난의 족쇄에도 불구하고 손뼉치고 눈물짓고 한숨도 삭이며 애상에 젖곤 하진 않는가? 문득 인생은 짧지만 예술은 길거니와, 사람은 욕되고 부정할 수 있으되 그의 작품만은 제대로 평가 받아야 하지 않은가 하는 소회에 잠기게 된다.

혹여, 조영출 선생의 혼백이 하늘 어딘가를 떠돈다면 혹시 어디선가 고향 아산과 영인을 그리고 하고 있진 않을까? 지금도 가요무대에서는 조영출 작사 '고향촌', '선창', '알뜰한 당신'과도 같은 명곡들이 수십년 영욕의 세월을 넘어 우리 가슴을 울리고 있다.

2016년 8월,

작곡가 조영출 선생의 숨은 사연들을 찾아서

나의 애송시 '우물'

우물

- 최영신

무너진 고향집 흙담 곁에 고요로 멈추어 선 우물 속을 들여다본다. 물을 퍼 올리다 두레박 줄이 끊긴 자리, 우물 둘레는 황망히 뒤엉킨 잡초로 무성하다. 그 오래 올려지고 내려지다 시신경이 눌린 곳, 깜깜한 어둠만 가득 고여 지루한 여름을 헹구어낸다. 하품이 포물선처럼 그려졌다 사라진다. 내가 서서 바라보던 맑은 거울은 간 데 없이 사라지고 몇 겹인지 모를 시간의 더께만 켜켜이 깊다.

지금처럼 태양이 불 지피는 삼복더위에 물 한 두레박의 부드러움이란, 지나간 날 육신의 목소리로 청춘의 갈증이 녹는 우물 속이라도 휘젓고 싶은 것. 거친 물결 미끈적이는 이끼의 돌벽에 머리 부딪히며 퍼 올린 땅바닥의 모래알과 물이 모자란 땅울림은, 어린 시절 나를 놀라게 하고는 쉽게 사라지지 않았다.

인간과 물로 아프게 꼬여 간 끈, 땅 속으로 비 오듯 돌아치는 투명한 숨결들 하얗게 퍼올리는 소녀, 시리도록 차가운 두레 우물은 한 여자로 파문 지는 순간부터 태양을 열정으로 씻고 마시게 된 것이었다. 밤이면 하늘의 구름 한 조각도 외면한 채 거울 속은 흐르는 달빛, 가로 세로 금 물져가는 별똥별의 춤만 담았다. 그 속에 늘 서 있는 처녀총각, 어느 날

사진 자음과 모음

최영신 시인은 1950년 충남 금산 출신으로 초등학교 졸업 후 16세에 가출, 택시운전사, 버스 조수, 시장 점원, 인삼 행상 등 어려운 일을 하면서도 시 작업을 계속하다 2000년 '우물'이란 시로 조선일보 신춘문예에 당선되었고 『우물』이란 시집을 냈다.

조각이 난 물거울 속 목숨은 바로 그런 게 아름다움이라고 물결치며 오래오래 바라보게 했다.

고인 물은 멈추지 않고, 시간의 때를 축적한 만큼 새까맣게 썩어갔다. 소녀가 한 여인으로 생을 도둑질당하는 동안, 우물도 부끄러운 모습으로 그 자리에 그대로 서 있었다. 온 마을 사람들이 퍼올리고 내리던 수다한 꿈들이 새로운 물갈이의 충격으로 흐르다 모두 빼앗긴 젊은 날의 물빛 가슴, 습한 이끼류 뒤집어쓴 채 나를 바라본다. 쉼 없이 태어나고 흘러가는 것도 아닌, 우물 속의 달빛을 깔고 앉아서.

무너진 고향집 흙담 곁에 그리움으로 멈추어 선 우물 속, 젊은 날의 얼굴을 비춰본다. 생은 시 한 줄 길어 올리기 위해 두레박줄이 필요했던가. 인적이 끊어지고 잡초만 무성타 한들 그 아래 퍼올려지고 내려지던 환영들, 물그리메의 허사로 증발하는가. 깜깜한 우물 속 어디선가 끝없는 고행의 길로 일생을 바친 소녀의 빈 웃음들이 둥글게 받은 하늘에 기러기 한 줄 풀어 놓고 있었다.

그대 우물은 아직도 갈증의 덫에 걸려 있는가?

최영신 시인은 1950년 충남 금산 출신으로 초등학교 졸업 후 16세에 가출, 택시운전사, 버스 조수, 시장 점원, 인삼 행상 등 어려운 일을 하면서도 시 작업을 계속하다 2000년 '우물'이란 시로 조선일보 신춘문에에 당선되었고 『우물』이란 시집을 냈다.

치열한 삶의 현장에 핀 희망의 꽃을 보며

"시(詩) 없는 명예보다, 시 있는 낭만을 택하고 싶다."
"권력이 인간을 교만으로 이끌 때, 시는 그 한계를 일깨워준다."

이 명제들은 미국의 제35대 케네디(John F. Kennedy) 대통령이 남긴 시에 대한 명언 중들이다. 특히, 케네디 대통령은 당시 미국의 국민적 시인인 로버트 프로스트(Robert Frost)와 친분을 나누며 시를 좋아했던 정치인으로 기록되고 있다.

요즘처럼 격랑으로 치닫는 정치 상황 속에서 시 한 줄 읽거나 음미해 볼 시간적 여유조차 갖지 못하는 현실이다. 한데 어느 날 우연히 '우물'이란 시를 읽고, 새삼 정치인으로서의 마음을 다잡는 계기를 이루었다. 초등학교 졸업한 분이 쓴 시라곤 믿어지지 않을 만큼(?) 상당한 역량과 깊이와 시 정신이 오롯이 담겨있는 것으로 새겨졌다. 사실, 시를 읽으며 깜짝 놀랐고 눈이 번쩍 뜨였으며 가슴이 후끈하니 더워져왔다.

충남 금산군 군북면의 농가에서 태어난 이 여류시인의 인생 역정을 보면 정말 눈물겹다 못해 가슴이 많이 아프다.

택시운전사, 버스 조수, 시장 점원, 인삼 행상, 분식집 아줌마…. 그야말로 세상 바닥에 있는 직업들을 두루 거치면서 참으로 고단한 삶의 궤적을 이어왔다. 누가 감히 그녀의 앞에서 인생이 고달프니 하면서 엄살을 부릴 수 있을까? 그럼에도 스스로 시를 생각하고 시를 쓰며 시를 통해 자신의 삶을 달래고 씻어주는 동반자이자 청량제로 삼은 것이다.

학업의 가방끈 대신 창백한 얼굴로 저잣거리를 헤매이며 생의 가방끈을 늘이느라 여념이 없었으면서도, 어느 날 고향마을의 '우물' 속에서, 지나온 생을 담담히 읊조리며 시 한 편을 끌어올린다. 시 구절처럼 정녕, '그녀의 생은 시 한 줄 길어 올리기 위해 필요했던가…'

시인의 등용문으로서 낙타가 바늘 구멍 들어가기보다 힘들 정도로 어려운 관문이라는 조선일보 신춘문에 당선 심사평을 찾아보니 '이 시는 가볍게 튀지 않으면서도 동시에 고답적이지 않고 문제의식을 끈질기게 물고 늘어지는 시 정신을 동반하고 있으며, 적절한 관찰과 경험을 지니고 있으면서, 삶 전체를 투사하는 용해된 정열이 깔려 있는 놀랄만한 시'라는 평이 적혀 있다. 어느 모임에서 우연찮게 직접 만난 시인의 얼굴은, 세파에 시달린 어두운 모습이 아니라 부드럽고 여유 있는 미소를 띠고 있는 아주 순수한 모습이었다.

고달픈 삶의 현장에서도 용기를 잃지 않고 희망을 생각하며 묵묵히 살아가는 많은 사람들에게 뭔가 보탬이 되고 도움이 되는 일을 하고픈 정치인으로서의 새로운 다짐이 저절로 솟아났다. 또 늘 긴장되고 살벌하고 차갑게만 느껴지는 우리 정치권에도 케네디 대통령의 말처럼 '시 없는 명예보다 시 있는 낭만'이 스며들 공간과 기회가 만들어졌으면 한다. 때론, 아름다운 시가 낭송되고 시심(詩心)이 흐르는 멋진 '국회'라면 더욱 좋겠다. 그리고 비록 저명한 시인은 아니지만, 최영신 시인님의 '우물' 같은 정결하고 정갈한 시가 보다 많은 분들께 널리 읽혔으면 싶다.

2017년 4월,
삶 속의 시를 추억하며

착하게 성공하신 분의 표상, 이병하 박사님

인생에 있어 '성공'이란 무엇인가? 성공한 삶은 무엇이고 보람 있게 살아가는 방식은 또 무엇일까? 살아가면서 늘 부딪치는 질문이면서 제대로 답을 내지 못하는 생(生)의 근본문제 중 하나이다.

처음부터 명쾌한 답을 낼 수 없는 질문이지만, 그나마 어렴풋하게 내 머릿속에 맴도는 언저리(?) 같은 것이 있다. 언젠가 「잠언(箴言) 시집」에서 읽었던 19세기 미국시인 에머슨(Ralph Waldo Emerson)의 시 구절이다.

'무엇이 성공인가(To have succeeded)… 자기가 태어나기 전보다 세상을 조금이라도 살기 좋은 곳으로 만들어 놓고 떠나는 것, 자신이 살았음으로 해서 단 한사람의 인생이라도 행복해지는 것, 이것이 진정한 성공이다.'

이 구절을 앞에 놓고 이병하 박사님을 다시 그려본다. 굳이

에머슨의 시처럼 세상을 조금이라도 살기 좋은 곳, 단 한사람이라도 행복하게 만든 분이라는 기준에 맞추어 보려는 뜻은 아니다. 당시의 시대와 사회상을 극복하고 전체적으로 세상과 다른 많은 사람들을 위해 기여하신 분이라고 서슴없이 찬사드릴 수 있기 때문이다. 말하자면 성공한 분의 삶이라고 감히 단언할 수 있는 한 분이시다.

새삼 그 분 삶의 궤적을 다시 언급할 필요는 없을 것이다. 익히 세상에 알려져 있고 회자되는 신성대학교를 통해 그 뜻

진정한 '성공'의 의미를 깨우쳐주는 이병하 박사의 유지가 살아숨쉬는 신성대학교 전경.

사진 신성대학교 홈페이지

을 이루어가고 있으시다. 견실한 기업발전과 고등교육 등 국가사회발전에 크나큰 업적을 남기셔서 국민훈장·모란장 등을 받으신 바 있다.

이 박사님을 처음 알게 된 것은 90년대 중반 고향 아산에서 그리 멀지 않은 당진 정미면의 신성대학교를 방문했을 때부터이다. 언론에서 읽은 적은 있었지만 직접 대학을 방문해 보니 뚜렷한 교육목표와 방침, 교육철학 등이 남달리 돋보였다. 세계화·정보화시대를 이끌어 갈 창의적이고 실용적인 인재육성, 참다운 인간이 되도록 하는 인성교육 등 당시에는 눈에 띌만한 내용들이었다. 산뜻한 캠퍼스와 면학 분위기 등 지방대학의 굴레를 넘어 미래발전의 가능성을 크게 내비치고 있었다.

90년 대 중반부터 민선 심대평 도지사 행정체계가 본격 가동될 무렵, 충남도 지역발전담당관(개발담당관)을 맡고 있을 때 처음 이 박사님을 뵈올 수 있었다. 뭔가 충남발전의 핵심적 역할을 수행할 민간 구심체 구성의 필요성이 제기되는 시기이었다. 도의회가 도민의 여론을 충실히 반영하고 있음에도 새로운 깃발을 세우는 것이 필요하다는 판단이었다.

충남도민 스스로 발전의지를 다지고 힘과 지혜를 모아 우리가 필요로 하는 소중한 것, 그리고 자랑스러운 모든 것을 새롭게 가꾸어 나가보자는 취지이다. 도정발전을 위한 방향타의 역할을 다 해 바람직한 미래 충남발전의 흐름을 보다 역동적으로 이끌어보자는 의도도 포함되어 있었다.

그 일을 맡으실 만한 역량 있는 분은 과연 누구일까? 어렵지 않게 이병하 당시 신성대학교 이사장님으로 결론지을 수 있었다. 여러 지역 유지들의 추천이 주효(奏效)했다. 처음 뵈었을 때의 모습이 너무 인상적이었다. 대체로 역경을 딛고 사업을 하신 분들은 그 나름 헤쳐 온 고난과 극복의 흔적이 얼굴에 남기 마련이다. 한데 이 박사님은 아주 맑고 깨끗하고 조용한 모습이셨다. 첫 이미지가 동네에서 마주친 아저씨처럼 친숙해보이고 아주 소박해 보이셨다. 속으로 '이렇게 착하신 분도 큰 사업을 하시는 구나'라는 생각이 들 정도였다.

그러나 막상 '충남발전협의회장'으로 취임하여 일을 하실 때는 남다른 예지와 추진력을 보여주셨다. 각 시·군별 수백 명 각계 지역유지들의 모임체를 원만하고 합리적으로 이끌어가는 일이 쉽지만은 않았다. 더욱이, 중앙부처와 요로(要路)에 충남발전을 위한 목소리와 요구사항을 전달하는 일 또한 당시로선 적지 않은 제약요인이 늘 따라다녔다.

특히 서산·당진·아산 등 북부권 산업벨트 조성 등 서해안 종합개발, 금강권 및 백제문화권 종합개발 등을 적극 추진해야 할 충남도정으로서는 충남발전협의체를 큰 동반자와 파트너로 의지할 수밖에 없었다. 이 박사님께서 함께 관련 토론회도 개최하고, 서울에 올라가 국비예산 지원요청을 하는 등 기업일보다 더 열심히 땀 흘리시는 모습에 저절로 머리가 숙여졌다.

이제, 우리 충남도정도 서해안권에 도청을 이전시키는 등 큰 면모를 새롭게 갖추어 나가고 있고, 신성대학교도 예상한 대로 큰 발전을 거듭해 나아가니 다시 한 번 이 박사님께 새삼스런 존경과 경의의 뜻으로 머리를 숙이고 싶다. 자주 문안과 소식을 못 드리는 아쉬움과 안타까움 뒤에는, 좋은 기억을 간직하며 늘 건강하심과 평안하심을 기원하는 마음이 더 크게 자리 잡고 있다.

내 삶과 인생에 있어 '성공한 분' 이상의 '존경하는 분'으로 깊이 간직하면서 변함없이 앞으로도 모시는 간절한 마음을 간직하리라.

2014년 9월,

이병하 박사님의 숨은 삶의 모습을 존경하며

제3부

오늘 우리의 사명을 찾아서

영화 '명량'의 신기원을 대한정신 중흥 전기로

영화 '명량' 돌풍이 잠자던 우리 국민의 혼을 일깨우고 있다. 영화계에서는 꿈의 기록으로 여겨지던 1400만 관객 동원을 넘어서 1750만 관객수를 기록 중이다. 나아가 이순신 장군과 관련된 아산 현충사를 비롯, 명량대첩 유적인 전남 일대는 물론 전국 각지의 이 충무공 발자취에 관광과 추모의 발길이 부쩍 늘고 있다는 반가운 소식이다. 우리 어릴 적만 해도 모든 학생들의 수학여행 명소로 각광받던 현충사였지만 최근에는 무관심에서 벗어나 지난 해 같은 기간보다 두 배 가까운 관람객이 늘고 있다니 이 충무공을 기리고 따르는 후예의 한 사람으로서 반갑기만 하다.

이러한 '명량'의 국민적인 사랑과 열광은 무엇 때문일까? 그리고 이러한 열기에서 우리는 무엇을 새기며 되살려야 하는가? 나는 이를 세 가지로 요약하고 싶다.

우선 첫 째로 영화 '명량'이 주는 감동 속에서 얻는 깨달음이다. 역사 속 비운의 영웅이던 이순신 장군은 영화 '명량'에서는 전사하지 않는다. 영화가 노량해전까지 다루지 않았으니 당연하다. 영화를 본 사람은 누구나 영화가 끝날 즈음 "어, 이순신 장군은 언제 전사하지?"라는 착각 아닌 착각을 하게 된다. 이순신 장군 하면 누구나가 "나의 죽음을 알리지 말라"로 상징되는 장렬한 최후를 떠올리기 때문이다. 우리 세대는 어릴 적부터 까까머리 학창시절까지 거의 매년 '성웅 이순신' 영화를 단체 관람하곤 했다. 그럴 때마다 마지막 장면은 노량해전과 장렬한 장군의 전사 장면이었다. '명량'의 제목이 암시하듯 이 영화는 명량해전 승리를 마지막 장면으로 마치 장군이 부활하여 오늘 우리 현실로 걸어오는 듯한 이미지로 끝난다.

우리는 얼마나 안타까워했던가. 만일 이순신 장군이 마지막 노량해전에서 전사하지 않았다면? 장군의 좌우명이 되어버린 '사즉필생(死卽必生).' 구차하게 사느니 죽음을 택하여 영원히 민족의 가슴 속에 살아 맥박 치는 이순신 장군의 정신이 곧 그것이다. 이제 이 정신을 우리 후손에게 물려줄 국가정신이자 국민정신으로 부활시켜야 한다.

두 번째 깨우침과 과제는 이순신 장군의 국제정세와 전략에 대한 새로운 해석과 계승이다. 2010년 7월, KBS 역사스페셜에서는 '이순신 대장선의 미스터리 손문욱'이란 프로그램을 방영했다. 손문욱, 그는 1598년 임진왜란 마지막 전투 노량해전, 이순신의 대장선에 타고 있었다 실록은 기록하고 있다. 최후를 맞이한 이순신을 대신해 대장선을 지휘했다는 인물 손문욱이 바로 그였고 그는 한 때 일본에 귀화했던 일본의 장수였다. 영화 '명량'에서는 탐정군관 임준영이 왜적에게 포로로 잡힌 백성들 틈에서 정탐하다가 발각될 뻔하는데 그를 구해주는 일본 장수가 나온다. 그가 바로 손문욱으로 추론되며 앞으로 '명량' 후속편에서는 중심 인물로 등장하지 않을까 미루어 짐작하게 한다.

사진 네이버 영화

잠자던 우리 국민의
민족혼을 일깨우며
국민적 호응을 받았던
영화 '명량'의 포스터

KBS 역사스페셜은 일본으로 끌려간 손문욱이 쓰시마의 권력자들과 인연을 맺고 정유재란 당시 일본장수로 참전, 점령지 남해의 일본군 관리(남해현감)가 되고 다시 조선으로 귀순, 노량해전에서 이순신의 대장선을 지휘하여 공신으로 인정받게 되어 절충장군에 이른다고 전하고 있다. 손문욱은 왜란 직후인 1604년과 1605년 사명대사와 함께 탐적사로 일본으로 향하고 도쿠가와 이에야스를 만나 국교 회복의 초석을 놓으면서 포로 1300여명을 송환해 왔다고 기록에 전한다.

난중일기나 이순신 장군 행록에 전혀 등장하지 않는 손문욱, 이순신 장군은 그를 왜군 정탐의 척후병으로 활용하면서 전후의 국교 회복까지 염두에 두지 않았는가 미루어 짐작하게 한다. 아직은 가설이지만 이순신 장군의 마지막 지휘봉을 넘겨 받은 장수가 아들 회도 조카 완도 아닌 손문욱이었다면 이순신 장군의 전후 대일본 정세를 아우른 국제적인 감각과 혜안은 새롭게 해석되어야 한다.

세 번째 교훈과 과제는 이충무공에 대한 진정한 국가와 국민 차원의 재조명과 계승이다. 우리 역사 속에서 이순신 장군의 업적을 재조명하고 성웅화한 시대는 조선 정조대왕, 그리고 박정희 대통령 시대였다.

정작 이순신 장군의 승전으로 나라의 위기를 구한 선조는 실록에 임진왜란과 정유재란 승리의 공을 명나라에 원군을 청한 자신의 것으로 돌렸고, 전승의 공신 포상에서조차 이순신 장군을 비롯한 18명만을 선무공신(宣武功臣)으로 포상했고 그 중에 원균과 명나라에 원군을 요청한 인물들까지 포함시켜 장군의 공이 빛바라게 했다. 반면 자신을 호위하여 의주까지 피난에 함께 했던 이들을 호성공신(扈聖功臣)이라 하여 무려 86명을 포상하였다.

이에 반해 정조는 충무공 이순신을 천고 이래의 충신이자 명장이며 중국의 제갈공명에 비견하면서 자신의 친위부대이자 수원 화성방어의 주력군인 장용영 초대 대장을 이순신의 직계후손 이한풍으로 임명했고, 1793년에는 이순신 장군을 영의정으로 추증했다. 수원 화성의 관문이었던 장안문의 공사가 완료된 1795년에는 규장각에 명하여 3년여 동안 이순신 장군에 대한 모든 자료를 집대성, <충무공 이순신전서(忠武公 李舜臣全書)>를 간행하기도 한다.

일제강점기에는 이순신 장군이 국난 극복의 표상으로 단재 신채호의 <이순신전>이 비운의 민족혼을 일깨웠으며 동아일보 주관으로 성금모금과 아산 현충사 보수가 이뤄지기도 했다. 이후 박정희 대통령은 특별지시로 현충사 경역을 확대하여 조헌 장군과 의병의 칠백의총과 함께 성역화했다. 단적인 예로 이충무공 탄신일 기념식은 1962년 제417회 탄신일에 당시 박정희 대통령이 국가재건최고회의 의장 시절 국가원수로 처음 참석한 이후에 매년 정부에서 주관해 행사를 개최하여 대통령이 참석하는 국가의 큰 행사로 거듭났었다.

그러나 문민정부 이후 차츰 대통령의 참석빈도가 줄다가 노무현 정부부터 장관이 참석하는 행사로 축소되었고 2012년에는 장관 대신 문화재청장이 참석하여 점점 관심에서 멀어지는 듯한 실정이었다. 아산 출신으로 학창 시절 파릇한 은행나무 숲길을 따라 태극기를 흔들며 현충사를 참배하던 박정희 대통령을 기억하는 우리 세대에게는 안타까운 일이 아닐 수 없었다.

이제 2014년 오늘 우리는 영화 '명량'과 함께 이 충무공에 대한 국민적 유전자가 다시 활화산으로 타오르는 것을 계기로 대한정신의 새로운 지평으로 창조하고 계승해야 할 시점이라는 생각이다.

한 가지 강조하고 싶은 것은 전국 각지에 산재한 이 충무공의 유적과 지방자치단체 차원의 축제와 기념행사를 아우르는 국가적이고도 국민적인 기념사업을 추진해야 한다는 점이다. 한 때 국가적으로 이루어졌던 이충무공기념사업은 전국 각지의 지자체 차원의 기념사업으로 산발적으로 이루어지고 있을 뿐 국민적 영웅으로 공감을 바탕으로 한 기념사업은 이어지지 않고 있는 실정이다. 나아가 이러한 기념사업회를 중심으로 한 때 국가적이고 민족적인 이 충무공 기념의 메카였던 아산 현충사를 이러한 범 국민적 기념사업과 전국 곳곳의 축제와 기념행사를 결집하는 한마당으로 업그레이드시키자는 제안을 하고 싶다.

2014년 9월,
영화 '명량'을 보고 대한민국의 정신을 생각하다.

국민안전, 실전훈련과 상설기구가 답이다

2014년 대한민국의 '세월호' 참상. 25년 공직생활과 6년의 의정활동. 30여년 넘게 공인으로 살아온 자로서 참회와 속죄의 마음뿐이다.

2000년 초여름 월드컵이 불과 2년여 앞으로 다가온 국무조정실 심의관 시절, 한 외신의 일본 광고에 소스라쳤다. "월드컵은 한국에서, 관광은 안전한 일본에서"라는 광고였다. 근거는 교통사고 사망률 세계 1위의 불명예. 청와대 근무 시절 '교통사고 줄이기 운동'이 떠올랐다. 자료를 찾아보니 91년 1만3429명이던 연간 교통사고 사망자 수가 김영삼 정부 초기 총리실 주관 캠페인 이후 94년 1만87명으로 3300여명 준 사례가 있었다.

부랴부랴 '안전관리개선기획단'을 기획했다. 하지만 아무도 가려 하지 않았다. 월드컵까지 한시기구였기 때문에 일단 가면 되돌아올 자리가 마땅하지 않았다. 공직을 마무리할 각오로 자원했다. 2002년 월드컵 개최까지 2년 만에 교통사고 사망자를 29.4%(3014명) 줄일 수 있었고 대한민국은 그나마 안전불감증의 불명예를 벗어날 수 있었다.

공직을 떠난 후에도 철도 항공 해운 도로 등 교통사고에 지속적인 관심을 쏟아왔다. 국회 안전행정위와 국토교통위 활동을 하면서 늘 안전불감증을 점검하고 개선을 촉구했다. 배를 타면 구명조끼는 상자 안에 쇠사슬과 열쇠로 채워져 있었고 승무원에게 비상사태시 매뉴얼 물으면 묵묵부답이었다. KTX도 마찬가지였고 항공 승무원들만이 제대로 대응 매뉴얼을 답했다. 국회로 돌아와 자료요청을 하면 아주 잘 정리된 매뉴얼이 돌아왔다.

문제는 시스템, 특히 현장과 훈련시스템에 있다. 가장 적절한 모델은 1989년 유조선 엑손 발데스의 좌초 기름 유출사고 이후 미국의 실전 훈련 시스템이다. 미국은 50여개 연방부처 합동으로 3년마다 한 번씩 실전에 준하는 훈련을 한 후 1년 동안 문제점을 점검하며 매뉴얼을 업그레이드한다. 지휘는 사고 유형에 따라 실제 현장을 지휘할 수 있는 현장 전문가가 맡고 모든 정보와 장비, 예산을 통제하고 집행할 권한이 주어진다.

우리도 이제 탁상 매뉴얼을 벗어나 실전상황을 가상한 합동

훈련 시스템을 만들어 피해상황 파악, 구조, 장비 집결, 인양, 보상, 정보 공개, 원인 조사, 사후 조치 등 일련의 과정을 반복적으로 훈련하고 시스템과 매뉴얼을 수시로 업그레이드해야 한다.

더욱 중요한 것은 재난이 일어날 때마다 임시적이고 한시적으로 구성되는 중앙재난안전대책본부와 같은 기구 대신 통합 대응기구의 상시운영이다.

미국은 대통령 직속으로 '국가교통안전위원회(NTSB)'를 설치 운영하고 있다, 일본은 총리대신을 의장, 관계부처 대신을 위원으로 하는 '중앙교통안전대책회의'를 운영하며 총리 직속 교통안전대책심의관을 두어 상시 총괄하고 있다. 프랑스는 1972년 총리를 위원장으로 하는 교통안전부처간위원회를 구성 운영하고 있고, 2001년부터는 산하에 정부, 민간단체 합동 국가교통안전위원회를 설치해 운영하고 있다. 도로교통뿐만 아니라 항공, 해운 등의 분야에도 동일한 유형의 통합 안전기구나 직제를 상시 운영하고 있다.

우리나라의 경우 철도, 도로, 항공, 해운 등 교통안전업무는 안전행정부, 국토교통부, 미래창조과학부, 해양수산부 등 여러 부처로 분산돼 있고, 각 부처 상위에 실질적인 총괄기구가

사진 연합뉴스

2014년 사상 초유의 비극 '세월호' 재난은 통합적인 국민안전상설기구의 필요성을 다시 한 번 일깨워 주었다.

없다. 이제부터라도 부처를 초월한 국민안전상설기구를 만들어야 한다.

함께 안전관리개선기획단 전문위원으로 활동했던 한국교통연구원 설재훈 본부장은 지금도 상시 교통안전기구 운영을 주창해오고 있다. 나또한 현 정부 출범 초기 대통령께 직접 국민안전 상설기구 설치 운영, 또 전시, 테러 및 준전시, 자연재해와 재난, 사고 등 유형별 재난대비기구 상설 운영 및 실제 훈련

시스템 도입을 건의하고 주장해왔다.

오늘 우리 한국의 '세월호' 참사는 더 이상 국민안전 실전훈련시스템과 상설기구 운영을 미뤄선 안된다는 절박한 경고를 보내고 있다.

2014년 4월,
'세월호' 참사 앞에서
전 국가안전관리개선기획단 부단장으로서 일했던
경험과 국회 국토교통위원회 위원으로서
국민안전의 사명을 되새기다.

아산문화융성의 메카 '아산시립역사박물관'을 건립하자

21세기는 지식정보와 문화컨텐츠의 시대이고 오늘 우리 대한민국의 미래를 향한 화두 중 하나가 '문화융성'이다. 그렇다면 우리의 문화융성의 동력은 어디에서 찾을 수 있는가? 바로 박물관을 비롯한 문화유산의 집대성과 현대적 재창조에서 찾아야 한다는 소신이다. 당연히 우리 아산의 문화융성은 선대의 지혜로운 문화를 집대성하는 데에서 시작된다는 믿음이고 이를 위해 반드시 필요하나 지금 우리 아산에 없는 것이 바로 '아산시립역사박물관'이다.

먼저 박물관이 문화융성시대에 어떤 의미가 있는가부터 생각해보자. 동서양을 막론하고 '박물관(博物館)', 또는 '뮤지엄(Museum)'의 개념은 단순한 전시와 관람 기증을 넘어서 연구와 교육기능을 수행했다는 점에 주목하고 싶다. 즉 아산문화융성의 미래는 곧 아산 고유의 전통문화를 연구하고 교육하는 데에서 출발해야 한다.

서양에서 박물관(Museum)이라는 명칭은 고대 그리스의 신전인 무지온(Μουσειόν)에서 비롯되었고 이곳에서는 예술품이 전시되기도 했다고 한다. 로마시대에는 라틴어로 무제움(Museum)이라 쓰였고 그리스와 로마의 이 기관들이 연구 및 교육 기능을 수행했다는 점은 현대 박물관과의 기능적인 측면에서 가장 큰 특징이다. 무제움이라는 용어는 르네상스 시대에 와서야 예술작품의 수집과 관련된 의미를 갖기 시작했고, 현대적인 의미에서 기관의 명칭으로 처음 사용된 것은 17세기 영국에 세워진 애쉬몰 박물관(Ashmolean Museum)이었다.

한중일 삼국에서 쓰이는 '博物館'이라는 명칭은 1860년에 일본인들이 미국에서 방문한 기관을 설명하기 위하여 처음으로 사용하기 시작했다고 전하며 한국에서 '박물관'이란 용어는 김기수가 1876년에쓴 수신사일기(修信使日記)에 처음 등장한다.

그러나 '박물(博物)'이라는 단어 자체는 중국 고전에서 유래되었으며, 춘추좌전(春秋左傳)에 쓰인 '박물군자(博物君子)'에서 그 뿌리를 찾을 수 있다. '박물(博物)'이라는 단어는 '넓을 박(博)'과 '사물 물(物)'의 합성자이지만 고대 및 현대중국어 그리고 근현대일본어에서 '박물(博物)'은 '많은 사물'보다 '두루 많이 알다'의 의미가 강하였다. 그러므로 '박물(博物)'의 핵심 개념은 '사물'보다는 '지식'과 더욱 관련되어 있으며, 어원적으로 볼 때 박물관의 역할 역시 그 '소장품'보다는 이에 대한 지식에 기반한 '연구와 교육'에 있음을 확인할 수 있다.(서원주, <동서양 박물관 명칭의 어원과 그 교육적 함의>, ≪박물관교육연구≫ 2007년 12월)

우리 아산이 이러한 박물관의 의미에서 찾아야 할 것은 바로 연구와 교육 기능을 중심으로 우리 아산의 역사문화를 현대적으로 재창조하여 문화융성시대를 이끄는 문화컨텐츠의 요람으로 만들어야 한다는 점이다. 아산을 찾는 사람들에게 진정 아산다운 모습을 보여주는 관광기능은 물론 우리 아산시민에게 진정 아산다운 역사와 문화의 동질성을 확인하는 계기를 만들어주고 나아가 문화융성시대에 부응하는 아산 고유의 문화컨텐츠 생산의 보고가 바로 '아산시립역사박물관'이어야 한다는 소신이다.

이러한 의미에서 중국을 비롯한 외국에서 자장 부러운 곳이 바로 지역마다 관람객으로 붐비는 박물관이다. 중국을 방문할 때마다 특히 가장 많은 공감을 받는 대상 중 하나는 바로 곳곳의 '역사박물관'이다. 기원전부터 지금까지 흘러온 수천 년 중국의 역사와 문화 앞에 누구나 쉽게 탄성을 지르지 않을 수 없다. 다양한 전시내용, 즉 컨텐츠는 물론, 독창적인 디스플레이와 디자인을 통한 전시기법, 전시공간의 활용 등이 중국문화의 격(格)을 한층 높여 준다.

비단, 중국뿐만이 아니라 역사가 그리 길지 않은 미국에 가도 세계를 움직였던 일들이 박물관 또는 기념관 속에 고스란히 보존되어 있다. 한때 세계사를 장식했던 영국·프랑스·이탈리아·스페인 같은 강대국들의 번창과 성대함은 주로 역사박물관 속에서 확인하게 된다. 세계적인 미술관들도 각기 그 나라의 국력과 역사·문화 발전의 흐름을 작품을 통해 대변해 주는 경우가 많다. 해외 여행길에 나설 때 잠시라도 박물관과 미술관을 찾는 건 이제 보편적이고 필수적인 관광코스로 인식되고 있다.

눈을 국내에 돌려봐도, 근간에 박물관·미술관들이 많이 들어서고 있다. 아예 박물관 도시를 표방한 경기부천을 비롯해 웬만한 지역엔 향토박물관이 새롭게 들어선다. 공룡박물관, 목아박물관, 민속주박물관 등 각종 테마박물관들은 그 지역 문화관광의 명소로 속속 자리잡고 있다. 박물관이 교육·문화적 기능과 함께 지역의 관광·홍보 역할을 톡톡히 함은 물론이다. 국가 정책적으로 박물관과 미술관에 대한 관심과 투자가 늦어진 것은 늘 아쉽고 안타까운 일로 여겨진다.

가까운 천안에도 이미 역사박물관이 설립되어 시민들의 발길을 모으고 있다. 그에 못지 않은 박물관이 우리 지역의 오랜 자랑거리인 온양민속박물관이다. 온양민속박물관은 전국적으로 수준 높은 곳이지만, 박물관에 들를 때마다 아쉬움을 감추지 못하는 한 가지가 있다. 정작 아산의 역사·문화·유물은 거의 전시되어 있지 않다. 처음부터 출발점이 전국적인 민속 유물·유통 전시공간을 표방했기 때문이다.

우리 아산처럼 개발의 흐름 속에 상전벽해(桑田碧海) 같은 변화를 거쳐온 지역에서, 훗날 우리 삶의 흔적은 누가 기억하고 누가 보존할까 안타깝고 조급한 마음이 앞선다. 단도직입적으로 '아산시립역사박물관'을 만들자는 공개 제언의 참된 의미가 바로 여기에 있다. 그 전에도 같은 구상을 전하고 나름대로 실현해보려고 했지만, 뜻대로 되지 않아 되풀이 얘기하는 셈이다. 물론 당장 보전·전시 대상의 선정부터 재원부담의 벽에 부딪히게 된다. 그러나 결코 극복하기 어렵거나 해결하지 못할 과제는 아니라고 본다.

전시대상은 전문가의 자문 속에 아산시 주관으로 각 기관·단체가 시민과 함께 아산의 역사·문화·보존 꺼리를 찾으면 된다. '아산 역사박물관을 위한 전시물품 모으기 시민운동'이라도 했으면 한다. 이미 작성되어 있는 읍·면별 「향토지」와 당시 모아졌던 자료와 사료를 점검하면서 옛것을 되찾는 노력이 이루어져야한다.

이미 온양문화원(이만우 원장)과 향토사박물관(박노을 관장)을 통하여 상당한 사료가 축적되어 있다. 무엇보다 우리 지방의 저명한 유림(儒林)과 유도회(儒道會) 어르신들이 계시고 온양고 천경호 선생님 같은 향토사학자들이 있으며, 순천향대 아산학연구소(김기승 소장)도 얼마든 중요한 역할을 할 준비가 되어 있다. 다만, 현실적으로 고대사나 고려·조선시대보다는 근현대사를 중심으로 정리할 수밖에 없을 것이다.

아산시립역사박물관은 기존의 온양문화원(사진 위)과 향토사박물관 등을 함께 모으고 시설은 온양민속박물관(사진 아래)을 증개축하여 활용하는 방안도 모색해 볼 수 있다.

사진 한국관광공사

사진 온양민속박물관 페이스북

우선적으로, 우리 지역의 광복, 독립운동, 6·25 참전, 4·19 의거, 베트남 참전 등 국기(國基)를 세우기 위해 헌신하신 분들의 자취를 찾아야 한다. 다음으로 윤보선 대통령과 박정희 대통령이 남긴 역사적 사료와 현충사 조성, 외암마을 보존, 삽교천 개발과 아산신도시 추진 그리고 무엇보다 온천(온양온천, 도고온천, 아산온천) 개발과 관련한 가시적인 유물·유품·사진 등을 포함시켜야 한다.

또한, 대학 입지 등 아산의 교육·문화발전, 대기업의 유치와 첨단산업발전과정, 농·축산업과 농·축산인들의 고단한 삶의 흔적 등도 빼놓을 수 없는 아산역사 박물관의 주인공들이다. 딱히 우리가 원하는 자료수집이 어렵다면, 연혁·언론·문헌 등을 통한 간접적 자료라도 전시할 수 있을 것이다.

문제는, 어떻게 건립·조성 하느냐이다. 1단계는 완전 신규 조성보다 기존 온양민속박물관을 활용하는 방안의 강구이다. 적정한 투자사업비를 아산시에서 위탁용역 형식으로 의뢰해서 온라인을 포함해서 초기적 역사전시공간을 마련하는 내용이다. 마침 신탁근 고문님 같은 많은 경험과 경륜을 가진 전문가 분들이 있기에 그 분들의 도움과 자문을 받는다면 그리 어려운 일이 아닐 것이다. 한술 밥에 배부를 수는 없겠지만, 아산 시민과 타지역 관광객들에게 아산의 역사와 문화발전의 흐름을 홍보하고 주요한 매개수단이 될 수 있다.

다음 2단계로는, 별도의 아산시립역사박물관을 조성하는 일이다. 현재의 온양민속박물관과 장소는 물론 시설 및 전시품을 연계하는 방안이 가장 용이한 방안이다. 그렇지 않을 경우, 상당한 시간을 두고 별도의 공간과 시설을 마련하는 대안을 고려할 수 있다. 이쯤 된다면, 전국 어디에 내놔도 손색없는 수준 높은 명소이자 명품 박물관을 만들 수 있을 것이다.

내년 전국체전을 앞두고는 시간이 턱없이 부족하지만, 지금은 체전에 불구하고 아산 나름의 박물관 공간을 가지도록 우선 '시작'하는 일이 중요하다. "역사를 잊은 민족에게 내일이 없다"는 아놀드 토인비(Arnold Joseph Toynbee)의 말은 국가나 민족 단위에만 해당되는 것이 아니다. 지역 단위와 일반 시민들에게도 같이 적용되는 금언(金言)이라는 신념이다.

도·농 복합 중소도시 규모를 벗어나 보다 큰 지역으로의 발돋움을 꿈꾸는 아산지역의 경우, 어제와 오늘의 역사는 내일을 비춰주는 거울이며 나침판의 역할을 충실히 할 수 있다. 더욱이, 21세기 문화의 세기를 살아가면서 문화의 고장 문화의 도시를 표방해 온 아산에서 역사박물관의 필요성은 새삼 새로운 논쟁일 수는 없을 것이다. 전통과 현대의 교감 속에 조화로운 발전을 꾀하는 추세가 세계 상당수 도시발전과 지역발전의 한 흐름이며, 기저에는 늘 역사와 문화를 깔고 있기 때문이다.

그렇다면 추진시기와 방법론의 문제만 남게 되며, 우리 지역의 지도층, 아산시와 시민의 지속적인 관심과 참여하에 따라 앞당겨질 수 있다. 그 의지와 에너지가 결집되면 역사박물관 조성도 가능케 하고 아산발전도 더욱 크게 촉진시킬 것이다.

무엇보다 중요한 것은 '아산시립역사박물관'이 곧 아산문화 융성을 이끄는 아산문화 컨텐츠의 보고이자 요람이라는 점이다. 나아가 우리 아산의 미래를 이끌 인재를 교육하고 기르는 역사문화의 동력이라는 점은 보이지 않는 더욱 중요한 의미를 갖는다.

춘추좌전(春秋左傳)에서 유래하는 '박물군자(博物君子)'의 참된 의미가 사서 중 최고의 치세론을 담은 경전《대학(大學)》의 '격물치지(格物致知)'로 이어진다는 사실은 우연한 깨달음이 아니다. '격물(格物)'과 '치지(致知)'는 성의(誠意), 정심(正心), 수신(修身), 제가(齊家), 치국(治國), 평천하(平天下)로 이어지는 8조목의 근간이요, '박물군자(博物君子)'는 곧 진정 이 세상을 위하는 지식을 갖춘 인재를 의미하는 것이 아닌가 되새기게 된다.

거듭 '아산시립역사박물관'의 참된 의미를 되새기면서 온 아산인의 여망을 담아 한마음으로 추진하는 박물관 건립의 힘찬 출발을 제안한다.

2015년 1월,
고향이자 지역구 아산의 역사와 문화를
창조적으로 계승할 방안을 생각하며.

작지만 한국을 배우는 니카라과와 온두라스

지난 12월 중순 의원 외교 일정으로 중남미 니카라과(Nicaragua)와 온두라스(Honduras)를 다녀왔다. 양국 국회의원 친선협회 회원자격으로, 여·야 의원 3명이 함께 했다. 무더웠던 지난 6월 10일 니카라과 의회 히메네스(Jiménez) 친선협회장을 비롯한 3명의 의원이 우리 국회를 방문한데 대한 답방이 결정적인 계기였다. 지난 6월 10일 방문한 니카라과 의원들과 상품교육 및 자원확보 등 양국간 무역증진 방안은 물론 한류확산 등 교류협력 방안 등에 대해 논의한 바 있었다. 또한 온두라스는 7월 온두라스의 에발 대통령실 국무조정장관와 오초아 외교부 정무차관이 국제교류재단 초청으로 국회를 비롯한 한국방문을 했었다. 국회의원들의 해외 출장에 대해 비판적 여론이 적지 않은 터라 의원외교 차원의 실리와 국익에 기여할 수 있는 효과를 면밀히 검토했다.

당초 19대 국회에 들어와서 친선협회 대상국가를 선정할 때부터 몇몇 고려사항이 있었다. 우선, 앞으로는 우리 국익을 위해 중요하지만 현재로서는 정부차원의 외교적 교류협력이 적은 국가를 대상으로 검토하였다. 미국·일본·중국·러시아·독일 등 큰 나라보다는 비교적 인구·경제 등 규모가 적은 곳, 그래서 똑같은 노력으로 보다 큰 성과를 거둘 수 있는 국가를 대상으로 하였다. 이러한 검토를 바탕으로 정치체제, 이념, 좌·우파 정권 여부를 떠나 한국과 친선 교류증진의 필요성이 높은 국가나 6.25 전쟁 당시 우리를 도와준 국가를 먼저 선정하게 되었다.

니카라과와 온두라스는 6.25 전쟁시 한국에 대한 물자지원국이며, 스페인의 식민지였다는 역사적 아픔이 있다. 또한 중남미의 좌파정권이지만 국가발전을 위해 역동적인 정책을 추진하고 있어 경제교류와 협력의 필요성이 높다는 점 등을 감안하였다. 특히 니카라과 주재 김두식 대사의 의지와 열정으로 양국 모두 한국과의 교류가 최근 급증하고 있고, UN에서의 북한인권 관련 의결에 한국 측 입장을 지지해준데 대한 외교적인 감사 등의 현안을 충분히 고려했다.

니카라과에는 자유무역지대에 투자한 한국 섬유업체 임직원 및 가족 등 400여명과 자영업 종사자, 선교사 가족 등 650여명의 우리 동포가 거주하고 있으며, 이곳에 진출한 한국기업에는 4만여명의 현지 근로자가 근무하고 있어 한국에 대한 관심과 교류가 높아지고 있는 실정이다.

온두라스는 원종온 주 온두라스 한국대사를 중심으로 지난 7월 공공외교 역량강화 차원에서 '한국 경제 개발 세미나'를 개최하는 등 한국의 경제 발전에 대한 관심이 높고, 지난 2010년에는 당시 온두라스 포르피리오 로보 온두라스 대통령이 강영신 온두라스 한국학교 교장을 자국의 주한 대사로 임명해 화제가 될 정도로 한국에 대한 신뢰가 높은 나라이기도 하다.

해외에 나오면 여·야를 떠나 모두 적극적인 애국자가 되고 쉽게 한마음이 된다. 더 나아가 돌아오면 나름대로 동료적 공감과 유대감을 갖게 되지만, 특히 이번 여정 중 떠오른 몇 가지 사항들을 굳이 소감으로 남겨놓고 싶다. 편의상 영어 알파벳(ABCDE)를 활용하여 정리해본다.

첫째, 국회의원(Assemblyman) 외교의 역할과 비중을 높이되 좀 더 전략적이고 체계적으로 추진되었으면 한다.

이번 우리 의원단 내방이 니카라과와 온두라스에는 한국 국회차원의 첫 번째 방문이라는 점이 의미도 있지만, 그동안 의원외교에 아쉬움을 느끼게 하는 대목이기도 하다. 니카라과 국회의원들은 물론 지난 6개월간 니카라과 외교장관, 청소년부장관, 정보통신부장관, 경찰청장, 항만청장, 관세청장 등이 줄을 이어 한국을 찾아왔지만, 한국 측 고위인사 방문은 그 사례가 아주 적은 점이 대조적이었다. 앞으로 우리 국회차원의 의원외교 추진과 지원도 소위 사각지역 또는 소외지역을 적극적으로 관심 갖고 배려하는 외교적 배려가 필요하다고 본다.

기본적으로 대한민국 국가외교의 개념과 방향 속에 의원외교를 포함시키고 일체성과 안정성, 지향성을 적극적으로 연계시켜야 한다. 의원외교 대상국의 선택과 추진부터 이와 같은 국가외교의 흐름과 추세에 맞추어 이루어져야 할 것이다. 그런 점에서, 국민들이 걱정하는 의원외교의 부정적 측면을 쇄신·극복하고, 더욱 정교하고 전략적인 틀 속에 의원외교가 이루어졌으면 한다.

둘째로, 다른 분야도 마찬가지이지만, 의원외교 역시 '사람', '인간관계'가 결정적인 변수이다. 상대국가를 얼마나 존중하고 상호간에 어느 정도의 신뢰와 믿음(Belief)을 쌓느냐가 의원외교의 성패를 좌우한다.

우리 의원외교단은 지난 6월 방문한 니카라과 친선협회장(Jiménez)을 다시 재회하여 니카라과 방문약속을 지킨 그 자체가 상호 신뢰의 출발점이 된다. 또한 과거 강대국에 약하고 약소국에 강한 모습처럼 비쳐졌던 우리 외교가의 잘못된 관행을 바로잡는 노력이 필요하다. 작은 나라와의 약속도 성실히 지키고 신뢰를 쌓아가는 과정 자체는 외교권에서 아무리 강조해도 지나침이 없다.

다른 차원의 얘기이지만, 「사람」이 소중함은 온두라스에서 운영 중인 「소녀의 집(Villa de las ninas)」 사례에서도 확인된다. 마리아 수녀회의 한국인 소녀님 중심으로 가정이 어렵고, 성적이 우수한 여학생 오백여명의 기숙형 중·고등학교 과정 운영현장은 감동과 감명을 주기에 충분했다. 공식적인 외교도 중요하지만 이보다 더 가슴을 울리는 「민간외교」의 방법이 있을까 싶다.

셋째로, 우리 외교상으로는 아직 미래의 땅이고 미지의 세계인 중남미(Central South America), 그리고 같은 대상이라 할 수 있는 아프리카에 대한 외교적 관심과 지원이 더욱 늘어나야 한다는 점이다. 외교는 소리 없는 전쟁과 같다. 미국은 물론 일본이나 중국이 이미 중남미나 아프리카에 많은 손을 뻗쳐놓고 있다.

언제까지 이들 지역이 한국과 거리가 멀고 국제정치적 영향력이 작다고 해서 소홀히 할 것인가에 대한 답은 자명하다. 뒤늦게나마 한국외교의 시야가 근간에 이쪽으로 돌려지고 있지만, 더욱 강화해야 한다고 본다. 비교적 접촉빈도가 많은 멕시코, 브라질, 칠레, 페루, 아르헨티나 이외에, 독특한 역사적 배경과 결속력, 경제적 상승기를 갈망하고 있는 니카라과, 온두

사진 국회보

2015년 12월 15일 온두라스 의회를 찾은 이명수 의원(오른쪽)을 비롯한 방문단이 올리바 의회 의장 및 빠스 외교위원장을 예방하고 있다.

라스, 파나마, 과테말라, 코스타리카 등 중규모 국가와의 든든한 교류자가 됨으로써 한국외교의 새로운 지평을 열어 나가게 할 수 있다.

넷째로, 단기적·일시적 방문이나 현안중심의 접근보다는 중장기적 공동관심사와 교류증진 방안을 모색하는 노력이 긴요하다. 새로운 외교적 교류를 위해서는 상당한 시간과 비용이

들게 마련이다. 상호교류 목표와 방법론을 협의해서 함께 상생할 수 있는 지속가능한(Duration) 교류·협력이 유지되도록 다각적인 노력을 기울여야 한다.

이를테면, 니카라과 측에서는 국회 간 교류협정 체결을 요구하면서 한국 국회 본회의장의 표결 등 전산처리시스템 지원을 강조했다. 큰 비용과 기술이 들지 않는 이런 문제들을 쉽게 해결해주면서, 빈곤문제, 식량문제, 상·하수도 건설, 보건의료 복지분야 등 다방면의 교류 요청에 대해선 단계적·점진적으로 해결해 나가는 방안을 강구하도록 해야 할 것이다.

특별히 관심을 갖게 한 것은, 올 12월 말 홍콩자본에 의해 착공되는 500억불 규모의 니카라과 「대운하」 건설문제이다. 기존의 파나마 운하를 능가하는 물류유통의 거점을 만들고자 하는 야심찬 대형 프로젝트에 한국의 건설사와 물류 전문회사들이 참여할 수 있다면, 한·니카라과와의 교류강화는 물론 우리 국익증대에도 적잖이 도움이 될 것으로 판단된다.

다섯 번째로, 역시 중요한 것은 어느 나라든 경제(Economy) 발전과 통상진흥이다. 현재는 우리와 니카라과는 교역규모가 2~3억불이고 무역흑자가 1.5억불에 불과하지만, 자동차·전자제품의 수출이 증가됨에 따라 더 많이 늘어날 수 있고, 중남미 다른 국가에 파급효과가 커질 수 있다는 장점이 있다. 지금도 니카라과 섬유·의류 수출의 60%를 차지하고 있는 「세아」 기업 등 한국기업인들의 활약(현지고용 4만명)이 두드러지고, 보이지 않는 한국외교관의 역할을 톡톡히 하고 있음을 직접 목격할 수 있었다.

돌아오는 비행기 안에서 짧은 여정이지만 두 나라의 맑고 깨끗한 풍경과 함께 작은 보람이라도 정리해 볼 수 있었다. 한국처럼 해외의존도가 높은 나라에서 국가 외교와 의원외교의 소중함을 다시 인식하게 된다. 고려시대의 서희 장군이나 반기문 유엔 사무총장처럼 우리 외교가의 큰 인물을 키워낼 수 있도록 중장기적 국제외교인재 육성 방안을 추진하는 일이 중요하다. 특히 외교력을 갖춘 현지 전문인력 양성은 지금도 시행하고 있지만, 더욱 적극적이고 체계적인 노력을 기울여야 한다. 정통 직업외교관을 마친 대사 출신 중 유능한 인사들을 지금처럼 외교연구원 강의 정도에 그치지 말고, 국익을 위한 실질적인 외교 대응이나 중요 프로젝트에 직접 참여시켜 그동안의 국제인맥과 경험·외교 노하우를 적극 활용하는 방안도 꼭 필요하다고 본다.

또 한 가지 정부 측에 건의한다면, 서울에 외교타운을 별도 조성해서 중소국가에게 '외교공관'을 무상으로 제공하는 방안을 검토하는 일이다. 재정력이 약한 나라의 경우 서울에 공관을 두고 싶어도 많은 비용 문제 때문에 선뜻 나서지 못한다는 것이다. 니카라과 한국공관도 일본 겸임에서 17년 만에 니카라과 주재 한국대사의 적극적인 노력으로 올 12월 말 서울에 개설 할 계획임을 이번 방문 중 알게 되었다. 금전으로 평가할 수 없는 '국가외교'의 가치를 인식한다면, 상호협의에 따라 국제관례를 저해하지 않는 범위 내에서 얼마든지 고려할 수 있는 방안이라고 본다.

여·야가 함께 손잡고 국회차원의 첫 공식방문의 계기를 이룬 니카라과와 온두라스 방문을 마치면서, 멀리서나마 오로지 '대한민국'을 위해 불철주야 땀 흘리는 그곳 공관 직원들의 건승을 빌고 또 빈다. 특히 아직 개발도상국으로 열악한 현지 여건에도 불구하고 경제 교류 확대와 국익을 위해 남다른 열정으로 외교 현장에서 땀흘리는 니카라과 주재 김두식 한국대사와 원종온 주 온두라스 한국대사를 비롯한 현지 공관원들게 깊은 감사를 전하고 싶다.

2014년 12월,
한국-니카라과, 온두라스 의원친선협회 회원으로서
중남미 의원외교 성과를 되돌아보며.

6·25 참전의 우방 터키 참전용사들을 찾아 뵙다

해외출장을 가게 되면 꼭 들려야 할 곳이 어딘지 미리 챙겨본다. 방문목적에 맞게 해당국 국회와 정부기관의 일정을 먼저 생각하는 게 보통이다. 다음으로 '6·25 전쟁' 참전국인가 여부를 알아본다. 만일 참전국이라면 참전용사기념탑이나 기념비를 찾도록 한다. 참전국이 아닌 경우에는 박물관, 미술관, 기념관 등을 포함시킨다.

터키(Turkey) 국회와의 교류 협력을 위한 터키 방문에 몇몇 의원들과 함께 하면서, 수도 앙카라(Ankara)의 참전용사기념탑에 다녀왔다. 사실, 터키는 역사적으로, 또 문화인류학적이나 정서적으로 한국과 유사점이 많다고 알려져 왔다. 먼 옛날 바이칼호(Lake Baikal)에서 같은 형제가 동쪽과 서쪽으로 갈라져 내려갔다는 민족의 기원부터, 양국국민의 언어와 관습, 고구려 시대의 군사적·외교적 협력, 실크로드(Silk road)를 통한 신라와의 교류 사실 등이 학계의 정설(定說)과 고증 속에서 이어져 왔다.

특히 6·25 전쟁 시 터키군의 참전과 함께, 2002년 대한민국 월드컵 때 터키 팀에 대한 한국인의 열렬한 응원, 2013년 이스탄불(Istanbul)과 경주 세계문화엑스포 등은 한국과 터키 간의 공간적 거리를 더욱 가깝게 만드는 뜻 깊은 계기를 이루었다. 이번에 터키 국회의 치첵(Cicek) 국회의장이 우리 방문단을 만나자마자 "피를 나눈 형제의 나라 한국"이라고 치켜세우는 언급이 결코 과장된 얘기로 들리지는 않는다.

터키 측에서 명명(命名)한 대로 한국전 참전 기념탑은 수도 앙카라의 중심부에서 약간 벗어난 곳에 자리 잡고 있었다. 1971년 서울시와 앙카라시 간에 자매결연(Partnership)을 맺으면서 3천여 평의 「한국공원」을 조성한 입구에 기념탑을 세운 것이다. 비교적 사람과 차량의 소통이 잦은 곳으로, 참전 기념탑과 함께 6각 형의 한국형 정자(亭子)가 옆에 세워져 있어 영혼을 달래는 상징물로서 기념탑의 외로움을 덜어 주는 듯싶다.

높이가 25m로서 4층 정도이고, 한국사찰 등에서 볼 수 있는 탑 모양을 형상화하여, 서울대 미대교수의 설계로 1973년에 세워졌다고 한다. 매년 한국전 관련 기념행사가 개최되면 참전용사들의 희생을 추모하는 헌화 등의 의식이 지속적으로 열린다고 현지 공관 직원이 힘주어 강조한다.

80세가 넘은 참전용사 일곱 분이 우리 일행을 기다리고 있다. 똑같은 제복과 모자를 깔끔하게 착용하고 엄숙한 모습이시다. 절도 있는 거수경례와 걸음걸이를 보며 우리가 더 숙연해진다. 주변에는 터키 군(軍) 의장대와 경비대가 배치되어 추모 분위기를 한껏 북돋워주고 있다. 일부 시민들이 함께 둘러보며 관심과 호기심을 동시에 표출한다.

준비된 헌화 과정을 통해, 숭고한 희생 앞에 머리 숙여 깊은 감사를 드린다. 양국 국가 연주와 함께 방명록에 기록을 남긴 후, 참석한 참전용사 한분 한분께 다가가서 끌어안고 터키 식으로 볼을 비비는 접촉과 접견이 이어진다.

마침내 참전용사 대표 한분이 말문을 여신다. 과거를 회상하시면서 금세 눈물이 그렁그렁 해진다. 나이 19세 때인 1950년 9월 한국전에 참전해서 다행히(?) 살아 돌아왔다고 회고담을 풀어놓으신다. 당시 터키 군 2만 3천 명 정도가 함께 가서 자유와 평화수호를 위해 열심히 싸우는 가운데, 741명이 전사했고 부상자 2천명을 포함해 포로와 실종 등 총 3200명의 인명 피해가 났다고 말씀하신다.

그나마, 살아 돌아온 동료들은 대부분 세상을 떠났고 이제 3800여 명 정도가 생존해 있다고 파악하신다. 젊었을 때는 간혹 연락도 하고 더러 만나기도 했지만, 이젠 가까운 지역의 전우들과 가끔씩 상면할 뿐이라며 쓸쓸한 표정을 지으신다. 부산의 UN 기념공원묘역에 전사자들 대부분이 모셔져 있지만, 그래도 이곳에 참전 전사자 전체의 이름과 계급, 고향과 전사일자를 아로새겨서 기념탑으로 지켜가는 것이 얼마나 다행인지 모른다고 하신다.

제한된 시간과 통역을 통한 말씀 전달이라 6·25 전투 당시의 빛나는 전과(戰果)를 보다 생생하게 듣진 못했다. 당시 최일선 전투에서 나서서 용감하게 싸웠다는 말씀을 하시면서 주먹을 쥐어 보이실 때 듣는 입장에서도 함께 주먹이 쥐어진다. 주로 평안북도 개천(价川市)지역과 경기도 용인전투를 재연하며 설명하실 때 목소리가 커지신다. 우리 머릿속에는 최근 이천만 명 이상의 관객을 동원한 '국제시장' 영화의 6·25 때 장면들이 계속 필름처럼 떠오른다.

이제 헤어져야 한다는 인사말씀이 쉽게 나오질 않는다. '대한민국'이라는 나라가 그렇게 빨리 성장하고 세계적인 경제국가가 되어서 참으로 다행스럽고 기쁘다고 하신다. 웬만한 한국인보다 더 '대한민국'을 자랑하고 아끼는 말씀을 반복하신다.

한데 한 가지 아쉬운 것은 세상을 떠나기 전에 한국을 다시 가보고 싶어도 형편이 안 닿아 실천을 못한다는 말씀이다. 발걸음이 얼른 떨어지질 않는다. 본인은 어렵게 다녀오셨지만,

80을 넘긴 고령의 많은 전우들이 경제적 여건과 건강상의 허약함으로 그저 멀리서 한국전을 기억하며 한국의 발전상을 전해들을 뿐이라고 안타까운 표정을 내비치신다.

수년전부터 한국정부 보훈처에서 6·25 관련 행사로 연간 2명 정도 초청하는데, 수천 명인 생존자가 언제 다 갔다 오겠냐며 비관적인 말씀을 이어가신다. 당시 16개국 참전 국가별로 파병 숫자와 관계없이 똑같은 인원을 배정하는데, 비교적 파병 규모가 컸던 터키 같은 나라는 얼마라도 더 배정해주면 좋지 않겠냐고 하시는데, 나도 모르게 '예스'라는 대답이 튀어나온다. 한국이 그래도 터키보다 더 잘 사는 나라이고, 세계적인 경제 강국이 되지 않았느냐는 말씀을 주실 때는 우리나라를 살린 노병(老兵)앞에 저절로 머리가 다시 숙여지며 부끄러운 마음도 솟구친다.

정부재정 여건 등 사업추진 여건과 형편은 일응(一應) 이해가 되지만, 보훈정책이 중요하다고 하면서 중요한 만큼 보훈예산배정과 투자에 인색한 우리정부의 소극적인 조치가 해외에 나와서도 새롭게 인식된다. 획일적이고 안일한 생각의 탁상행정과 관료주의적 시각이 여기까지 베어있구나 하는 느낌을 지울 수 없다. 사실, 그 자리에서 둘러 본 참전 기념탑 자체도 디자인이나 구성, 사용재료 등이 수준이하 기대이하 이었으며 새로 건립해야 할 필요성을 쉽게 인지 할 수 있었다.

작은 선물 하나씩 드리고 작별인사를 드리다가 너무 아쉬웠다. 왜 우리는 보훈정책의 중요성에 비해 보훈처의 위상과 보훈예산의 규모가 정부부처 중 늘 하위에 머물러 있는가 하는 물음에 대한 대답의 촉구가 자꾸 뇌리에 솟구친다. 해외는 물론 국내에서 만나는 적지 않은 6·25 참전용사들께서 참전 수당 몇 만원 올리는 것이 그렇게 어렵냐는 질문에도 제대로 답을 못했던 입장이 더욱 원망스러워진다. 나름대로 정부 측과 예산당국에 촉구해도 해결되지 않는 현실 상황과 인식이 모두 달라지도록 해야 한다.

돌아서는 발걸음, 더 없이 무겁기만 하다. 멀어지는 참전 기념탑을 다시 뒤돌아보며 보훈정책에 대한 새로운 인식과 새로운 의지를 굳게 다져본다. 그래도 터키와 한국간의 우정과 신뢰는 조금도 훼손됨이 없이 참전 기념탑의 시멘트보다 더욱 단단하게 강화되어야만 할 것이다.

2015년 3월, 터키 출장 중에
6·25 참전 기념탑에서 참전용사 분들을 뵙고.

서평

2004년
『숨은 사랑 찾기』
발간 이후
모두 7권의
에세이집에
담긴
이명수의
삶과 철학

서평

문행일치文行一致로 열어가는 '지금 이곳 우리 대한민국'의 지평地坪

심상협 / 문학평론가

2004년 1월 처음 펴낸 첫 수필집 『숨은 사랑 찾기』에서부터 13여년 간 펴낸 6권의 에세이집과 새로 펴낼 『그리운 미래』 원고까지 모두 7권 책을 궤안에 쌓아놓고 마주한 채 며칠을 묵상으로 보냈다. 늘 그랬던 대로 새로 펴낼 책 교열과 편집을 부탁해오셨을 때 선뜻 평설(評說)을 자청했었다. 돌아서며 곧바로 후회가 밀려왔다. 만 21년여 곁에서 지켜보며 때론 뛰어들어 함께 해온 시간, 그러나 과연 그의 글과 그에 담긴 사상을 평할 척도(尺度)가 내게 있기는 한가 하는 자괴 때문이었다.

개인과 시대의 지평(地平) 저 너머를 향한 소망과 꿈

오랜 고민 끝에 찾아낸 척도 하나 '지평(地平)'. 굳이 훗설의 철학적 담론까지 가지 않아도 눈에 보이는 시야의 한계라는 의미만으로 한 수필가의 삶과 글에 깃든 세계를 이해하고 깊이 엿보기에 족하겠다는 단초를 찾았다. 지평은 한계이자 초월의 경계이다. 개인적으론 금기와 자유의지 사이의 장벽이요, 시대적으로는 현실 안주와 변혁의 임계점이다.

흔히 우리 눈앞의 지평은 공간적 지평이다. 무지개 너머 그려보는 세상, 현실의 강 이편에서 평온하고 이상향으로 바라보이는 강 저편 언덕, 즉 피안(彼岸)의 세계, 아득히 바라보이는 땅 끝 지평선 너머에 있을 것 같은 신세계, 모두 공간적 지평이다.

시간의 지평도 있다. 미지의 미래를 향한 꿈과 도전, 지금은 없는 아스라한 과거를 향한 추억과 그리움, 이 모두 상상으로만 이를 수 있는 시간의 지평이다.

수필을 비롯한 대부분의 문학적 상상력은 이렇듯 공간과 시간의 지평을 넘나들며 자유의지를 향한다. 따라서 문학작품에는 공간적이거나 시간의 지평을 넘나들며 현실에는 없거나 결핍된 정신과 마음의 풍요로 그려지곤 한다.

정치인이자 학자, 또 수필가인 이명수. 그의 글에서는 늘 지평을 넘어 그 어느 미지의 세계를 바라보는 시선과 웅크린 자유의지가 전해온다. 그 개인이 꿈꾸었을 지평이 한 그루 나무라면 숲을 이루었을 시대의 지평과 필연의 상관을 가졌으리

라. 이제 그의 일곱 권의 에세이집에 담긴 시공간의 경계를 넘어서려는 자유의지, 또 시대와의 필연의 반영을 통해 그리고 있는 세계를 찾아 나서 보자.

먼저 그가 살아온 63년 삶의 여정을 담은 글들을 통해 암묵적으로 시대와 교감했을 지평을 거칠게나마 가늠해본다.

진정 자신을 사랑하는 사람만이 가족과 이웃을 사랑할 수 있습니다. 진정 아산을 사랑하는 아산인만이 충청을 사랑하고 대한민국을 사랑할 수 있습니다.

- 이명수, 『숨은 사랑 찾기』, 2004년, 표지 발문.

첫 책 첫 표지 글로 뽑힌 두 문장은 모두 일곱 권의 책을 일관되게 통찰하게 해준다. 일곱 권의 에세이집을 순서대로 일람해보면 그가 바라보며 뛰어 넘었고 다시 넘나드는 지평이 보이고 그 경계를 허물어 넘어서고자 하는 자유를 향한 꿈과 의지를 엿볼 수 있으리라는 믿음이다.

『숨은 사랑 찾기』, 들린아침, 2004년 2월 25일.

『아산 사랑, 충청 사랑』, 삼원DPS, 2007년 10월 9일.

『붉은 마음 푸른 대한』, 기획출판 오름, 2011년 6월 24일.

『코리아 하모니』, 기획출판 오름, 2012년 9월 5일.

『대한의 내일을 묻다』, 기획출판 오름, 2013년 7월 1일.

『충청인이여 대한의 미래를 논하자』, 기획출판 오름, 2013년 12월 10일.

그리고 아직 원고인 일곱 번째 책 『그리운 미래』.

우선 책마다의 제목과 대강의 내용만으로 그가 바라보며 향하는 지평 너머 세계를 어림해 볼 수 있다.

'사랑'으로 넓혀나간 고향 아산과 충청,
대한민국을 향한 지평

그가 지평을 응시하며 선 자리의 출발점은 늘 '사랑'이었다. 『숨은 사랑 찾기』에서는 25년 공직생활 동안 남모르게 스스로 실천하면서 찾아온 '사랑'의 지평을 정리하고 있다. 그 사랑은 3년 후의 에세이집 『아산 사랑, 충청 사랑』에서 자신을 낳고 길러준 지역사랑으로 한 걸음 넓어진다. 그리고 『붉은 마음 푸른 대한』에서는 우리 대한민국을 있게 한 선열들의 피땀에 대한 공경 어린 사랑으로, 또 『코리아 하모니』에서는 대한민국이 이루어야 할 국민통합과 언젠간 반드시 이뤄야 할 통일을 향한 미래의 지평을 향한다.

이후 『충청인이여 대한의 미래를 논하자』는 다시 한 번 그가 나고 자란 충청인의 삶의 현장 속으로 깊이 들어가 묻고 경청하고 때로 답하며 지역 사랑의 공간적 지평과 더 나은 지역의 미래를 향한 시간의 지평, 그 너머의 담론을 정리하고 있다. 이제 새로 펴낼 『그리운 미래』에서는 오늘 우리 현실을 위태롭게 하는 갈등과 양극화의 현안을 분석하고 대안을 모색하면서 합의를 통한 역사의 통합, 나아가 국민통합의 지평을 향한 열정과 의지를 담고 있다. 물론 근간은 '사랑'이다.

결국 일곱 권의 에세이집은 한 개인의 사랑으로부터 아산과 충청을 향한 지역사랑으로, 충청에서 다시 대한민국으로, 그냥 오늘의 대한민국이 아니라 통일과 풍요의 미래 대한민국을 향한 사랑으로 한 걸음씩 나아간다.

공직자로서의 이명수가 수필 속에서, 또 언론의 인터뷰나 사석에서 담담하게 진술했던 인생 여정을 통해 그의 삶의 지평과 그가 살아온 시대의 지평을 연결시켜 보는 일은 그가 처한 현실 저 너머 꿈꾸었을 세계를 엿보는 주마등일 수 있다.

1955년생으로 전후 복구가 한창이던 베이비부머 맏형 세대로 조국근대화라는 성장과 산업화와 함께 했을 그의 삶의 여정들. 공간상으론 아산 신창 향리에서 온양 읍내로, 대처 대전으로, 또 서울로 떠나면서 어떤 꿈, 어떤 세상을 그렸을까?

전후복구 세대로 성장과

민주화의 시대적 지평 속에서

5살 적 영면한 어머님 상여를 철모르고 뒤따랐다던 아득한 기억 한 장면을 회고하던 목소리가 되살아 온다. 누군가 '아이스께끼'를 사주어 입에 물고 따랐던 기억이었다 했다. 아마 대처에선 4.19 민주혁명과 5.16 쿠데타로 격변의 시기를 맞고 있었을 적이었으리라.

그로부터 신창초등학교, 온양중학교, 대전고등학교로 유학. 60년대 후반에서 70년대 중반 어름까지 조국근대화의 깃발 아래 도시는 산업화, 농촌은 새마을운동으로 위로부터의 변화가 한창이던 시절이었고 "우리는 민족중흥의 역사적 사명을 띠고 이 땅에 태어났다"로 시작하는 국민교육헌장을 외웠고 고향마을 충무공 이순신 장군의 현충사를 추억하며 자랐을 것이다. 그 너머 바라보았을 조국과 민족이라는 거대담론들의 지평.

더하여 까까머리 고등학교 시절 즈음엔 "오등(吾等)은 자(玆)에 아(我) 조선(朝鮮)의 독립국(獨立國)임과 조선인(朝鮮人)의 자주민(自主民)임을 선언(宣言)하노라"로 시작하는 기미독립선언문을 낭랑한 목소리로 강독했고 윤동주의 '서시(序詩)'에 가슴 저려했으며 이육사의 '광야(廣野)'를 상상하며 영욕의 일제강점기에 맞섰던 비운도 또 그 비운을 넘어서고자 드너른 만주를 내달았던 독립운동의 활원한 지평도 엿보았으리라.

성균관대학교 진학과 어려웠던 형편으로 교수의 꿈을 접고

행정고시를 거쳐 공직에 입문했던 70년대. 정치적으로는 이른바 '겨울공화국'으로 상징되는 암울한 시대에 상아탑은 자유와 지성의 상징이자 보루였고 강단을 향한 그의 꿈은 어쩌면 그를 향한 욕망이었는지도 모른다. 하지만 부친의 뒤를 이어 공직을 선택한 그의 동기는 소박했다. 공무원을 하면 끼니는 굶지 않지 않겠느냐 하는 동기였다 털어 놓은 적이 있었다.

육군 장교로 임관, 3사관학교 교수로 군복무를 마친 후 아산시 수습사무관으로 시작해 25년 공직생활. 장교 훈련을 받던 시절 광주민주화운동이 일어났고 그는 광주 인근에서 교육을 받고 있었다 한다.

공직 25년 고향 아산시 수습사무관 첫 발자욱에서 충남도청, 금산군수, 청와대, 현재 행정안전부인 내무부, 다시 충남도와 총리실, 그리고 충남도 부지사 명예퇴직을 거쳐 마주한 새로운 삶의 지평.

우등생으로 늘 고향을 떠나 유학을 하고 고위 공직에 이르렀던 그는 한 술자리에서 고향을 지키며 산 죽마고우들을 부러워 한 적이 있다. 자신은 부모님 곁을 떠나 고작 설이나 추석, 부모님 생신 등에나 잠시 찾아뵙곤 한다. 반면 고향을 지킨 벗들은 비록 땀 흘리는 노고를 쏟아야 하지만 부모님 곁에서 게으르지만 않으면 제법 넉넉한 생활을 영위하면서 살아간다는 자조 깃든 고백이었다. 늘 공직자로서의 모범적인 초상의 이면에는 평범하게 가족들

2004년 2월 25일 충청남도 행정부지사를 끝으로 공직을 마무리하면서 청년 시절부터 25년 공직 생활 동안 써온 에세이를 모아 펴낸 에세이집『숨은 사랑 찾기』.

과 행복을 누리고 싶은 소시민의 욕망도 가라앉아 있었으리라.

그런 그가 본격적으로 첫 에세이집을 펴내고 정치입문에 도전한다. 그의 공직 25년을 정리하는 에세이집 『숨은 사랑 찾기』 서문에는 그가 꿈꾸었던 삶의 지평을 단적으로 드러내는 대목을 만날 수 있다. 만 25년 공직을 마무리하고 새로운 갈림길에 선 그는 한용운 시인의 시편을 빌어 그가 살아온 삶의 지평 저 너머를 가늠하는 듯 보인다.

영원의 사랑을 받을까,
인간 역사의 첫 페이지에 잉크 칠을 할까,
술을 마실까 망설일 때에 당신을 보았습니다.
- 한용운, '당신을 보았습니다' 중에서

영원의 사랑은 구도의 길이겠지요. 혁명의 길은 가면 인간의 역사를 새로 쓸 수 있을 것입니다. 술은 이상의 길을 걸으며 현실과의 괴리를 달래는 길이겠지요. 시인일 수 있고, 상아탑 속의 학자일 수도 있으리라 생각합니다.

-『숨은 사랑 찾기』, 7쪽, '부족한 삶의 편린들을 끄집어내며' 중에서

일제강점기에 처한 한용운 시인의 망설임은 궁극에 그 세 갈래 길을 모두 후세에 유업으로 남긴다. 승려로서 '구도의 길'을 향한 망설임은 1910년 조선의 불교개혁을 위하여 저술한 『조선불교유신론(朝鮮佛教維新論)』이 상징하듯 한국 불교 근대화에 큰 족적을 남겼고, '혁명의 길'은 3.1운동을 필두로 대한민국

역사의 새 장을 여는데 기여했으며, '술과 이상의 길'은 수많은 시문으로 오늘까지 우리에게 깊은 감동을 전하고 있다.

이명수는 한용운 선사의 삶을 거울 삼아 당신이 일제강점기의 현실을 피하지 않고 불교유신으로, 독립운동으로, 또 민족시인으로 후대에 귀감이 될 도저(到底)한 족적을 이루었듯이 그가 선 땅 함께인 이들과 더불어 살아가고자 하였으리라는 꿈과 소망을 엿볼 수 있다.

자신과 가족, 이웃 사랑의 지평에서 대한민국의 지평으로

2004년과 2007년에 각각 펴낸 『숨은 사랑 찾기』와 『아산 사랑, 충청 사랑』 이후 네 권의 에세이집은 앞선 두 권의 에세이집과 몇 가지 점에서 크게 변별된다. 첫 두 권의 에세이집이 단편적인 기고문을 모아 사후에 편집하여 출간한 책이라면 이후 네 권의 책은 일정한 주제를 중심으로 기획된다. 앞의 두 권이 그가 주로 몸담았던 충청권의 인물과 이슈, 또 미셀러니에 가까운 감성적 이야기 위주였다면 이후 네 권은 비평적 에세이로서의 성격을 분명히 하면서 한 가지 주제에 천착해 사고의 깊이를 더하고 논리의 폭을 확장해 나간다.

2011년 『붉은 마음 푸른 대한』, 2012년 『코리아 하모니』,

2006년 문예한국 수필부문 신인상으로 문단에 등단한 이후
2007년 10월 9일 정식 수필가로서는 처음 펴낸『아산 사랑, 충청 사랑』.

2013년『대한의 내일을 묻다』, 2013년『충청인이여 대한의 미래를 논하자』, 이 네 권의 에세이집은 제목에서 공통분모를 확인할 수 있듯이 주제를 포괄하는 대전제가 대한민국이다.

그리고 4년여 만에 새로 펴내는 『그리운 미래』는 그 연장선에서 3.1운동과 대한민국 임시정부 100주년을 맞아 한국현대사 이면의 역사적 과제들을 성찰하면서 대안을 정리하고 있다는 점에서 이전의 책과는 확연히 다른 변화를 보여준다.

아산 신창 향리에서 온양읍내로, 대전으로, 또 서울로 넓혀져 온 공간의 지평, 그리고 개인과 이웃, 또 아산과 충청에 머물렀던 공간의 지평이 '대한민국'이라는 거시 담론으로 넓어졌다는 점도 더욱 확연한 변화이다.

2013년 『대한의 내일을 묻다』 이후 2013년 『충청인이여 대한의 미래를 논하자』, 그리고 이번에 펴내는 『그리운 미래』는 개인적 기술을 넘어서 공동 저작 형식으로 변화하여 한국사회의 문제점을 진단하고 대안을 제시하는 형식을 채택했다는 점도 간과할 수 없는 변화다.

'문행일치(文行一致)'로 넓혀 나아간 대한민국의 지평

2011년 출간된 『붉은 마음 푸른 대한』의 주제는 '지금 대한민국의 참모습은 어떠한가?'로 시작한다. 초선 의원이던 필자는 그간 국회를 비롯 정치권에선 아무도 주목하지 않던 대한민국 국가승계의 문제를 화두로 제시하면서 오늘 우리 대

이전의 기고문을 모아내던 형식에서 탈피해 대한민국이라는 선명한 주제 아래 기획과정을 거쳐 2011년 6월 24일 펴낸 에세이집『붉은 마음 푸른 대한』.

한민국의 참모습과 대한국인(大韓國人)을 향한 소망이 내용의 주조를 이루고 있다.

'1부 국민통합의 첫 걸음, 소통과 공감'에서는 그가 최근 페이스북을 비롯, SNS를 통해 만나고 인연을 맺어온 다양한 한국인들의 모습이 담겨 있다. 최근 인기 상승의 '걸스데이' 지해 양, 정재근 베를린 총영사 등으로부터 아산 영인면 내이랑 마을의 작은 기적, 신창면 철쭉마을의 작은 축제, 외롭게 살아가는 둔포3리 어르신들의 모습에 이르기까지 따뜻하게 인연을 맺고 나눈 이야기들이 잔잔한 필치로 서술된다.

'2부 대한민국(大韓民國), 대한국인(大韓國人)을 향해'에서는 대한민국 헌정 63년 동안 국회에서조차 외면당해왔던 대한민국의 국가승계에 대해 정면으로 다루면서 '간도협약 무효화 선언'을 국회에 제출하게 된 의미를 비롯, 오늘 다시 되새기며 찾아야 할 대한국인(大韓國人)의 참모습을 그려가고 있다.

'3부 오늘 대한민국은 소중한 선물입니다'에서는 2부 대한국인의 시각으로 오늘 우리 정치권에서 바로잡아야 할 모습을 비판하고 있다. 특히 대한민국의 모든 권력은 국민으로부터 나온다는 헌법 조항에 기초하여 정부와 국회, 또 우리 일상 속에 부조리한 모습들에 대해 자성과 비판의 목소리를 담고 있다.

'4부 아산으로부터, 충청으로부터'에서는 지방화, 정보화, 세계화라는 21세기 화두로 시작, 주변 인물 이야기부터 고향 아산과 충청의 인물, 문화, 전망과 소망 등에 대해 써내려 간다.

무엇보다 저자 이명수가 정치인으로서의 모습보다 2006년 쉰둘의 늦은 나이에 『문학세계』 신인상으로 등단한 수필가로서의 면모가 두드러지는 동시에 현실에 대한 비판적 시각도 견고해진다. 분노할 사안에 대해서는 격정적으로, 슬퍼해야 할 때에는 애잔한 목소리로, 또 그리워할 때에는 사무친 문장의 서술 방식도 주된 어조의 변화이다.

'코리아 하모니', 통합과 상생을 향한 가슴 절절한 소망과 염원

2012년 출간된 『코리아 하모니』는 '우리가 통일의 그 날을 어떤 모습으로 맞을 것인가'라는 대한민국의 미래를 향한 거대담론에서 출발한다. 그리고 그 해답의 실마리를 지난 1991년 620km의 거대한 인간띠를 이루며 온 국민의 합창으로 자유와 평화를 쟁취한 발틱 3국, 특히 이를 주도한 에스토니아의 '대합창'에서 찾는다.

거기서 한 걸음 나아가 소망한다. 대한민국의 통일의 그 날은 자유와 민주, 그리고 평화의 이름으로 오기를, 나아가 백두에서 한라까지 칠천만 한 겨레가 한 목소리로 노래하며 아름다운 통일의 그 날을 맞이하기를 염원한다.

이명수는 이러한 화합과 상생의 통일 대한민국을 향해 오늘 정치를 비롯한 우리가 해야 할 일을 조목조목 정리하며 옮기고 있다. 가장 중요한 과제로 민주세력과 성장세력의 화해와 통합이라는 과제를 제시한다. 둘로 나뉘어 갈등과 반목으로 국민의 불신을 받아온 국민통합과 상생의 정치에서 그 길을 찾고자 한다. 『코리아 하모니』의 가장 큰 미덕은 무엇보다

『붉은 마음 푸른 대한』에 이어 사전 기획을 거쳐 대한민국이라는 대전제를 한 걸음 진전시킨 논의를 모아 2012년 9월 5일 발간한 『코리아 하모니』.

행동으로 실천하면서 발로 찾아가며 써내려간 살아있는 담론이라는 점에 있다.

대한의 미래, '촛불'과 '광장'의 갈등을 넘어 '통합'과 '전진'으로

2013년 출간된 『대한의 내일을 묻다』는 '대한민국에 문제가 심각하다고 생각할 때 우리 국민 여러분들은 어떻게 할 것인가?'라는 문제제기에서 출발한다. 머리띠를 두르고 광장으로 뛰쳐 나갈 것인가? 촛불을 들 것인가? 아니면 다음 선거를 기다리고 벼르면서 비판만 하고 있을 것인가? 모두 아니다. '광장'이나 '촛불'의 대전제(大前提 ; Major premise)는 무엇인가? '광장'의 대전제는 '폐쇄된 사회', 또 '촛불'의 대전제는 '어둠의 시대'다. 다음 선거를 기다리는 '침묵과 방관'의 대전제는 '권리와 의무의 포기'이다.

하지만 과연 지금 우리 대한민국이 폐쇄된 사회이며 어둠의 시대인가? 국민으로서 권리와 의무를 포기해야 하는 억압의 시대인가? 상식 있는 국민이라면 누구나가 이것이 잘못된 대전제들이란 것을 금방 알 수 있다. 오늘 우리 대한민국은 법과 제도를 개혁해서 당당히 권리를 찾고 경제적인 불공정과 집중을 해소할 수 있으며 공개념의 경제적 권리를 찾을 수 있다. 광명의 시대이고 법

이전의 기고문을 모아내던 형식에서 탈피해 대한민국이라는 선명한 주제 아래 기획과정을 거쳐 2011년 6월 24일 펴낸 에세이집『붉은 마음 푸른 대한』.

치의 시대인 것이다. 필요하다면 개헌도 해야 하고 단기간 내에 안된다면 정권과 정권, 나아가 대를 이어서라도 바꾸어야 한다.

이성적인 논리학과 수사학에서는 그래서 토론과 논의에 있어 대전제(大前提 ; Major premise)를 중요시한다. 흔히 수사학(修辭學 ; Rhetoric)을 잘 꾸며진 언변 정도로 생각하는 풍조가 있지만 이는 잘못된 편견이다. 만약 민주주의에서 대중추수주의(Populism)로 인해 국민들이 그릇된 대전제를 선택한다면 나라는 엄청난 위기로 빠져든다.

잘못된 대전제는 국가적으로 엄청난 소모를 초래하고, 국민 각자에게도 그만큼 줄어든 분배가 돌아올 수밖에 없다. 그래서 올바른 대전제를 찾아야 한다. 오늘 우리 대한민국은 상해임시정부 임시헌장(헌법)에서 민주공화국임을 공포한 후 광복과 4.19민주혁명, 6.10민주화운동 등의 피와 땀을 쏟은 대가로 소중한 민주주의의 권리를 획득했고 오늘에 이르고 있다. 민주의 시대이고 제도와 법에 의한 절차를 중시하는 민주주의 시대이다. 따라서 '촛불'과 '광장'의 그릇된 전제를 넘어서 '공정'과 '형평'의 대전제를 찾아나서야 한다.

따라서 『대한의 내일을 묻다』의 미덕은 진보와 보수, 여야와 정파를 뛰어넘는 일관된 목소리로 대한민국의 정책을 제안하고 궁극적으로는 합의에 바탕한 국민통합을 대안으로 제시하고 있다는 점에서 주목된다.

그러나 그가 『대한의 내일을 묻다』에서 절절히 소망했던 '통합'과 '전진'은 '국정농단'과 '탄핵', 그리고 다시 한 번 '촛불'

로 상징되는 민심의 거대한 파도 앞에서 좌절하고 다시 성찰하기에 이른다. 이제 그 연장선상에 '대한민국을 사랑한 모두의 소망'이라는 부제를 앞세운 『그리운 미래』가 출간된다.

2017년 9월 말 출간 예정인 이명수의 일곱 번째 에세이집『그리운 미래』. 2019년 다가올 3.1운동과 대한민국 임시정부 100주년을 앞두고 반드시 이루어야 할 국민합의와 국민통합을 향한 대안을 중심으로 쓰였다.

이어령 씨와 오효진 씨의 일관된 평가, '지행합일(知行合一)'의 정신

이상 2011년 『붉은 마음 푸른 대한』 이후 모두 세 권의 에세이집과 새로 펴내는 『그리운 미래』는 '대한민국'이라는 거대 담론을 향한 기승전결의 큰 틀의 논리구조로 나아가고 있다. 2004년 『숨은 사랑 찾기』의 개인적인 '사랑'이 바다를 향하는 강물처럼 넓어지고 깊어지면서 '대한민국'의 어제와 오늘을 성찰하고 미래를 향한 합의와 통합의 전망으로 나아가는 듯 보인다. 이러한 일관되면서도 부단히 진전해온 13년여의 여정은 수필가이면서도 정치인으로서 글과 행동을 일치시키려는 이명수의 정신과 의지에 주목하게 한다.

이명수의 '문행일치(文行一致)'는 수필가로서 쓴 글을 정치인으로서 실천하고 다시 글로써 성찰하는 선순환의 지평을 향한다. 이러한 평가는 문학평론가이자 전 문화부장관 이어령 씨의 『붉은 마음 푸른 대한』과 『코리아 하모니』, 두 편의 추천사에서 확연해진다. 이어령 씨 뿐만 아니라 소설가이자 언론인으로 청원군수를 지낸 오효진 씨의 평가도 일관되게 그의 '문행일치(文行一致)'의 미덕을 적시한다.

말뿐이라면 진부할 수도 있다. 하지만 행동으로 결연하기에 믿음직하다. 그는 그가 섬겨야 한다고 믿는 국민을 향해 '일편단심(一片丹心)'을 행하며, 근사(近思)와 절문(切問)으로 나아간다. 근사(近思)는 가까이 다가가 생각함이고 절문(切問)은 절실한 마음으로 묻는 것이다. 누구 가까이에서 무엇을 절실하게 묻는가? 바로 국민 곁에서 국민의 마음으로 절실하게 묻는다.

그는 정치인이자 인문(人文)을 사랑하는 수필가이다. 그래서 그가 그의 에세이들을 통해 나아가고자 하는 세계는 국민과 함께 사랑하고 나누며 열어가는 세상이다. 선인들은 시(詩)를 비롯한 글의 본문을 '풍(風)'이라 일렀고, '글로써 깨우침(諷喩)', '글로써 부조리를 바로잡음(諷刺)' 등을 글이 갖추어야 할 본연의 미덕으로 삼았다. 이명수 후배의 에세이는 이러한 글의 미덕에 충실하다. 그가 일편단심으로 따르는 국민의 편에 서라면 대통령에게도 올바로 말하고자 하며, 질곡의 정치형태 또한 거침없이 바로잡고자 한다.

- 이어령, 『붉은 마음 푸른 대한』 추천사, '그대 한 점 붉으라'

그러기에 그의 글은 단순한 목소리가 아니라 온몸으로 행하는 육성(肉聲)이다. 그의 글을 대하면 대한민국이란 말 또한 새롭게 다가온다. 국경일이면 국기함에서 꺼내는 태극기 같은 대한민국이 아니라 일상 속에서 실천하고 행동하는 대한민국이다. 예를 들면 정신대 할머님들을 비롯, 강제동원 피해자들을 위한 그의 글들은 단순한 목소리가 아니고 잊혀진 역사를 돌보며 입법과 정책으로 행동하고 실천하면서 온몸으로 외치는 몸짓인 것이다.

예부터 시는 한 줄 한 줄을 일러 행(行)이라 했다. 진정한 시는 그저 목소리뿐인 노래가 아니라 한 걸음 한 걸음 나아가듯이 세상의 그릇됨을 바로잡고 참된 세상을 꿈꾸는 행동과 실천의 노래여야 한다는 의미이다. 그의 글은 이러한 문학의 근원적인 사명에 충실하달 만큼 행동과 실천의 본보기를 보여준다.

- 이어령, 『코리아 하모니』 추천사, '대한민국을 향해 행동하는 목소리'

이명수의 글에는 끊임 없는 용단의 결기가 깃들어 있어 반갑고 고맙다. 겉모습은 우유부단한 듯하나 마음 먹으면 반드시 해내리라는 결기가 느껴진다.

세상에는 반드시 바꿔야 할 일들이 있고 변함 없이 지켜야 할 가치와 정신이 있다. 이를 이루기 위해서는 스스로 반드시 지켜야 할 모습이 있고 또한 누군가와 더불어 변화시켜야 할 일들이 있다. 자유, 민주, 통일, 이러한 이상은 반드시 지켜야 할 가치이며, 소통, 상생, 화합, 이러한 실천은 일신하여 바꿔야 할 과제들이다.

(중략)

이명수가 글에서 보여주듯 그가 사랑하는 이들과 더불어 강을 건넌다면 나는 키잡이라도 자청하여 돕고 싶다. 언젠간 강을 이루어 큰 바다를 향하여 앞서거니 뒷서거니 밀어주고 끌어주며 도저하게 흐를 그 날을 기약하며.

아마 그 날은 상생과 화합의 그 날일 것이며 통일의 그 날일 것이다. 거슬러 지난 100여년 간도에서 말달리고 피땀으로 가꾸어온 선열들의 맥박과 꿈을 힘차게 일세우는 그 날일 것이며, 그 분들이 애타게 간구했던 바로 그 '그리운 미래'이리라 믿고 함께 소망한다.

- 오효진, 『그리운 미래』 추천사, '대립과 갈등의 강을 건너는 법'

현실 속의 동화, '숨은 천사'와 '뙤약볕 흡쓰며'

이명수의 '문행일치(文行一致)'는 비단 정치인으로서 어제 오늘의 모습이 아니다. 그의 소신이자 철학이라는 사실을 단적으로 보여주는 두 일화로 대신하고자 한다. 새천년 맞이로 떠들썩하던 2000년 세모 세계일보에 작은 기사 하나가 실린다. '20여 년간 숨은 천사로 알려진 이명수 씨'라는 제목이었다. 필자는 동명이인이겠거니 하는 생각으로 기사를 읽었다. 아니었다. 바로 필자가 잘 알고 있는 당시 총리실 안전관리개선기획단 이명수 국장이었다.

공직생활 20여년 동안 월급에서 10분의 1 이상을 떼어내 매달 애육원, 독거노인 등을 돕고 있는 이명수(李明洙. 46. 국무총리실 안전관리개선기획단) 국장의 선행이 연말 관가에 잔잔한 감동을 불러일으키고 있다.이 국장이 정부중앙청사의 '숨은 천사'로 알려지게 된 것은 연말에 각 단체에서 연말정산을 위해 발송한 기부금 영수증이 총무과로 잘못 전달되면서부터다. 이 국장이 인연을 맺고 있는 단체는 대부분 1979년 첫 공무원 생활을 시작했던 충청도 지역에 위치한 논산 성모마을과 충북 음성 꽃동네, 덕산의 신생원 등 10여군데로 한달 평균 송금액은 30만원에 이른다.

이 국장은 "일반 직장인과 달리 공무원의 봉급에는 국민이 낸 세금이 포함돼 있기 때문"이라고 자신의 '선행에 대한 변'을 대신했다. 그는 자신의 뜻대로 겨울이 더욱 춥고 외로운 이웃들을 위해 돈을 쓸 수 있는 것은 중학교 교사인 부인 노영란씨 덕분이라고 말한다. 부인 노씨 또한 넉넉하지 못한 월급을 쪼개서 어려운 이웃을 돕는 것에 동참하면서 이 국장이 충남도청에서 근무할 때는 두자녀와 함께 온 가족이 중증장애인 수용시설인 성모마을을 찾아가 노력봉사를 하는 데 앞장섰다고 한다.

현재 이 국장은 근무지와 가까운 서울 종로구 효자동에 올라와 자취생활을 하느라 가족과 떨어져 지내는 형편이지만 93년부터 어머니를 같이 모시고 가끔이라도 뵐 수 있었던 충북 금산의 혼자 사는 80세 할머니를 찾아가지 못하는 게 마음에 걸린다고 했다.

- 김종수 기자, 20여년간 '숨은 천사'로 알려진 이명수씨, 2000년 12월 19일, 세계일보

2002년 충청남도 행정부지사로 일하던 때의 숨은 일화도 있다. 2002년 안면도국제꽃박람회가 한창이던 일요일, 꽃박람회장을 찾은 기자단 중 한 명이 뙤악볕 아래 긴 줄 속에서 기다리고 있는 이명수 행정부지사 일행을 발견했다 한다. 양산을 쓴 부인, 그리고 두 자녀와 함께였다. 전국에서 몰려든 관람인파가 인산인해를 이루었던 휴일이었고 서너 시간을 기다려야 겨우 표를 끊고 입장할 수 있던 정황이었다. 도청 직원이 달려가 곧바로 입장할 수 있도록 모시려 하자 일요일은 부지사가 아니라 도민의 한 사람이라며 입장권 뿐만 아니라 전시관 하나 하나 일반 관람객 속에 줄을 서서 관람했다. 당시 도청과 사택이 있던 대전에서 안면도까지 오가는 길도 부지사 업무용 차량이 아니고 부인 노영란 여사의 소형 승용차를 이용했다 전한다. 필자는 이를 본 한 지방 일간지 기자가 가십란에 쓴 미담 기사를 통해 알게 되었던 기억이다.

문득 그가 생가 보존에 앞장섰던 고 신동엽 시인의 시 한 구절로 이명수의 '문행일치(文行一致)'를 향한 에세이들에 대한 서평의 결어를 대신한다. 이명수는 충청남도 근무 당시 규정과 재정의 미비로 사라질 뻔했던 신동엽 시인의 생가를 행정적 재량을 발휘해 오늘에까지 보존할 수 있도록 한 숨은 기여자이기도 하다.

휴가여행 떠나는 국무총리 서울역 삼등대합실 매표구 앞을 뙤약볕 흡쓰며 줄지어 서 있을 때 그걸 본 서울역장 기쁘시겠오라는 인사 한 마디 남길 뿐 평화스러이 자기 사무실 문 열고 들어가더란다. 남해에서 북강까지 넘실대는 물결 동해에서 서해까지 팔랑대는 꽃밭 땅에서 하늘로 치솟는 무지갯빛 분수 이름은 잊었지만 뭐라곤가 불리는 그 중립국에선 하나에서 백까지가 다 대학 나온 농민들 추럭을 두 대 씩이나 가지고 대리석 별장에서 산다지만 대통령 이름은 잘 몰라도 새 이름 꽃 이름 지휘자 이름 극작가 이름은 훤하더란다.

- 신동엽, '산문시(散文詩)1' 중에서